誰も教えてくれない
家づくりの教科書Q&A

木製窓を設置したこだわった建物を出ると、
自然を感じさせる外構がさらに建物を引き立たせる

玄関とリビングが一体化した素敵な空間

外壁を木張りにした
特徴的なデザイン

ガラスの壁を設けることで
リビングの光を
階段に落とし
1階に優しい光を届ける

リビングにボルダリングの壁をつくり、家族で楽しむ

まえがき

私がこの建築業界に足を踏み入れてから、早いもので30年以上の歳月が流れました。

今では大阪で、注文住宅専門の工務店と設計事務所の代表を務めさせていただいています。

また、家づくりを考えていらっしゃる方向けの、本当に必要な情報提供を目的として設立した「**日本良質住宅促進協議会**」の理事長も務めさせていただいています。

家づくりをされる方が本当に満足できる住まいを手に入れていただくために、また、家づくりをされるときに絶対に知っておいてほしい知識や情報を提供するために、さまざまなテーマのセミナーを各地で開催しています。

その一例として、次のようなセミナーを開催しています。


「**550万円支出を減らすためのセミナー**」

「**生活が苦しくならないための資金計画セミナー**」

「**人気の土地を手に入れるための究極のテクニックセミナー**」

「侵入犯罪者に狙われないためのセミナー」

「あなたに合った住宅会社の選び方セミナー」

など、参加者の方から、「目からウロコの話」と好評をいただいている人気セミナーです。

これ以外にも、**「断熱セミナー」「住ローンセミナー」「保険セミナー」**など、とにかく満足のいく家づくりに必要な情報を提供するために、私自身がセミナーの講師として汗を流させていただいています。


家は、ほとんどの方が一生に一度の、最も高い買い物です。住んでから後悔したくないというのは、どなたも同じ思いです。

ところが、そう考えていても、実際に手に入れた住まいで満足されている方は、ことのほか少ないのです。

家は、車を買い替えるようには、簡単なことではありません。慎重のうえにも慎重を重ねるくらいの思いでも十分とは言えません。

住宅展示場にも行くでしょう。住宅専門誌や住まいづくりの本も購入するでしょう。実際にハウスメーカーなどが主催する「住まいづくり」のセミナーにも参加するでしょう。

インターネットで土地探しや住まいづくりの情報を入手しているかもしれません。

どなたも慎重になってたくさんの情報を入手して、住まいづくりに取り組んでいます。

しかし、それでも満足のいく住まいを手に入れる方はごく少数です。

問題なのは、家づくりに失敗していることに気づかずに家づくりを終えて、友人や知り合いに失敗した家づくりの方法を伝えてしまっていることです。私がここで言う失敗とは、家に対する満足度だけではありません。生涯にかかるお金、すなわちムダな支出をしている人があまりに多すぎるということです。


それはなぜなのでしょうか。

住宅建築というものは、専門性が高い領域なので、はじめて家づくりをする人が生半可な勉強をされても、容易に十分なレベルに達することはありません。

さらに情報は容易に手に入る反面、さまざまな立場の人がそれぞれの言い分を持っているので、情報は錯そうしています。ですから家づくり初心者には、いったいどれが正しいのか、わからなくなってしまうのです。

たとえば複数の住宅会社に行くとします。

断熱材一つを例にとっても、A社に行けばこの断熱材がお勧めと言われ、なるほどと思っていても、今度はB社に行くとまったく違う断熱材を勧められます。さらにC社に行けば、それらと全く違った断熱材も勧められ、いずれももっともらしい説明をされるため、いったいどれがいいのかわからなくなってしまいます。

ものごとにはメリットもデメリットもあります。メリットだらけの材料などはありません。しかし、説明するときにはメリットを強調し、デメリットには触れないようにします。これは、それぞれの会社の考え方にもよります。

実際に今の住宅業界では、その業界人ですら、何が良くて何が悪いのかわからなくなっている人も多いのです。

先述の断熱材についてですが、どんな住宅でも断熱材は使います。昔でしたら、大手のハウスメーカーも含めて、ほとんどの会社でグラスウールという断熱材を使用していました。ところが、昨今では、非常に多くの種類の断熱材が使用されており、それらが認知されてきて、大手のハウスメーカーによってもどの断熱材を使うか、多種多様になってきています。それぞれの住宅会社から話を聞けば、どれももっともらしく聞こえます。

私が主催するセミナーでたくさんの方からお話や相談をいただきます。そこで実感するのは、住まいづくりにとって、何が正しく、何が間違っているのか、だれもがわからなくなっているということです。

それは真面目に勉強され、実際に現場に足を運び、いろいろと情報収集されていらっしゃる方のほうが残念ながらその傾向は強いようです。


もう少し具体的に考えてみましょう。

たとえば、ここに、断熱材にグラスウールを勧める住宅会社があったとします。それを勧める営業マンは、「お客様にとって良いこと」として、グラスウールを勧めているでしょうか。もちろん、「お客様の住まいには、これがベストです」というような説明をしてくると思います。しかし、本音の部分では、どうなのでしょうか。

住宅会社や営業マンの事情から考えて、次のような思惑が絡んでいないでしょうか。

①コストが抑えられるため
②ほかの素材と対比させて、勧める素材がワンランク上であるような差別化を図るため
③自社にとって勧める素材が施工しやすいため
④その素材を使うことで工期を短縮し利益率を上げられるため
⑤無駄が出にくいのでコスパが良く利益率が上がるため
⑥単に営業マンが説明しやすいため

こうした思惑は、お客様ファーストの立場からは浮かんでこないものです。お客様第一をうたいながら、実際は住宅会社の都合にお客様をはめ込んでいくというのが、大半ではないでしょうか。

そのため、A社で勧められたことが、B社では反対のことを言われたりして、調べれば調べるほど混乱してくるのです。

しかし、業界の傾向として以上のような問題点があるからといって、ちゃんとした家づくりはできないと諦めることはありません。お客様ファーストで、信念をもって満足のい

く住まいづくりを提供している会社もたくさんあるのです。

一つの素材に対して、なぜこの素材が良いのか。ただ単にコストが下がり、利益率が上がるという理由ではなく、お客様にとっていかにメリットがあるかきちんと説明できる、また将来のメンテナンスも含めて、お客様の立場を最優先にして住まいづくりに取り組む住宅会社もあるのです。

しかし、企業の規模が大きくなればなるほど、悪く言えば、住宅会社の営業戦略の〝押しつけ〟になっており、お客様の立場を最優先することが困難になります。

今から住まいづくりを考えていらっしゃるすべての方に、知っていただきたい大事なことがあります。それは、**どのような材料や素材にもメリットとデメリットがある**ということです。何事でも言えることですが、メリットだけというものはありません。

両方あるとの認識から、メリットで選ぶのか、デメリットで避けるのか、どちらに軸足をかけていくのかということです。

どんな素材であっても、それを製造している会社は、こだわりをもって良いものを提供しようとしています。ライバル会社に勝つためにも多額の開発費を投入して、良いものを世の中に提供しているものです。悪いものを造るのに多額の開発費を投入するところはありません。

これはとても大事なことですので繰り返します。

ものにはメリットとデメリットがある、ということです。そこをしっかり見ていかないと、何が自分にとって良くて、何が悪いのか、ということがわからなくなります。

もしも、ご自分やご家族が納得のいく住まいを手に入れたいと思うなら、住宅会社の営業マンの売り込みトークを鵜呑みにしてはいけません。どれほど印象のいい営業マンであっても、会社の利益とお客様の利益のどちらを優先するのか、考えればわかります。

私は、ご縁をいただいた家づくりを考えているすべての方に後悔のない家づくりをして、ご満足いただける住まいを手に入れていただきたいと常に願っています。後悔のない家づくりとは、相性の合う住宅会社を選ぶことが非常に重要です。ここで注意いただきたいのは、営業マンとの相性ではなく、会社との相性ということです。

一つの会社が、すべての家づくりを考えている人と相性が合うということは、絶対にありません。それぞれ特徴も好みも違うからです。もちろん営業マンと相性が合わなければその住宅会社を選ぶことはないかもしれませんが、営業マンが良かったからというだけで、その会社を選ぶということはとても危険なことで、絶対お勧めしません。

ご自分の住まいが完成したときに、家族全員で喜び、涙するような家づくりのストーリーを作っていただきたいのです。

そのためには、中途半端な知識をいくら集めていてもダメです。そうして、住宅会社の営業マンの口車に乗せられて、住まいができても満足できず、悔し涙を流すようなストーリーを作ってはいけません。そんなことでせっかくの家づくりを失敗して後悔してもらいたくありません。

私はプロとして、そのような悲しい家づくりをこの世からなくしたいという思いで、住まいづくりのセミナーを15年以上続けてきました。

私のセミナーでは、住まいづくりで知らないと何百万円も損をしてしまうお金の話や、支出を何百万円も減らすことができる方法をお教えしています。

過去の例で言えば、私のセミナーに参加された方で、１５００万円も支出を減らすことができた方もいました。詳しくは本文Ｑ11（55〜58ページ）に書いていますが、大手ハウスメーカーの営業マンだからといって、すべての人がお客様の立場に立って考えてくれる人だとは限りません。単に手続きがスムーズに進むので、いつもの銀行を使っているに過ぎないかもしれません。あるいは、その銀行とハウスメーカーが提携しているからお勧めしているのかもしれません。

銀行選びは、住宅ローンを組む方の立場や考えによっても変わります。１００人いれば１００通りです。勤め先も違えば収入も違います。固定金利を選ぶのか、変動金利を選ぶのかでも、金融機関は変わります。本当に家を建てる人のためになるのか、ハウスメーカーや工務店の利害で選ぶと、とんでもない選択になることがあります。

そんなことが起きないように私はセミナーで口を酸っぱくして訴えています。

たとえ支払いが10万円でも20万円でも少なくなったら、良くないですか？

私だったら、たとえ1万円だって余計に払いたくはありません。

私のセミナーの参加者で損をする人が一人でも減ってほしいのです。

本当に必要な、確かな知識を身につけてください。それで、支出が５００万円減ったなら、嬉しくはありませんか？

不動産会社やハウスメーカーや工務店の営業マンのいいなりになってはいけません。それがどれほど感じが良かったとしても、すべての営業マンがお客様の立場に立って仕事をしているわけではありません。

私は世の中から家づくりで泣く人を一人でも減らしたいだけなのです。


私はどれだけ良いハウスメーカーや工務店であっても、すべての人に合う会社があるとは思っていません。家を建てる人の考え方やこだわりによって、合う会社は違います。

〝家づくりは楽しく〟ということは、私がセミナーで伝えていることです。相性の合う会社、相性の合う設計士と家づくりを行うことが、楽しい家づくりになると思っています。

ぜひ、そんな家づくりパートナーを見つけてください。


ただ、どこのハウスメーカーや工務店で建ててもいいのですが、住宅ローンで損だけはしないでください。皆さんが毎日、汗水たらして稼いだお金で、税金を払い、残ったお金でお子さんの教育資金を作らなければいけないし、自分たちの老後資金もためておかなければいけません。そこに住宅ローンが入ります。５００万円損しても平気などという余裕はありますか。

そのお金があれば、家を建ててから家族で豊かで楽しい時間を過ごすことができます。お子さんにゆとりをもった教育の機会を受けさせられるかもしれません。自分たちの老後にゆとりが生まれるかもしれません。あるいは、親孝行ができるかもしれません。家族の思い出を家族旅行などで残すことができるかもしれません。

一生に一度の家づくりを楽しんでいただくために、私は各地で「家づくりセミナー」を開催しています。私の建築人生を終えるまで、一人でも多くの方に「正しい家づくりの考え方」を伝えていく所存です。

昨今では、新型コロナウイルスという問題があり、オンラインのセミナーが増えてきました。それまでは、できるだけ多くの方にご参加いただき、家づくりにお役立ていただこうと、対面の家づくりセミナーを開催し続けていました。

毎回キャンセル待ちが出るほど多くの方に参加していただき、「**行列ができる予約の取**

れない家づくりセミナー」と言われるまでになりました。一般の家づくりをお考えの方だけでなく、一時は全国の住宅関係の会社の方がわざわざ聴きに来られるほどの評判でした。

しかし、私のセミナーはあくまでも家づくりをお考えの方を対象としたセミナーですので、業者様が来られますと、その分一般の方が入れなくなります。ですから現在では業者様はお断りしています。

セミナー参加者の方から、これまで本当に多くのご相談をいただきました。

相談の内容は、かなり深刻なものが多く、どなたも本当にお困りの様子でした。しかし、世の中には、そのような家づくりの相談を親身に聞いてくれるところが、意外にもないようなのです。

私もこれまでの経験と知識を生かして、全力投球でご相談に応えています。

相談前は深刻な面持ちだった相談者の方も、問題解決の明かりが見えて、お帰りの頃には、すっきりした面持ちで「悩みが解消されてすっきりしました」と明るい声で答えられる姿を見ると、私も嬉しくなります。

工務店の立場と設計事務所では、考え方も提案する内容も異なります。しかし、こうした異なる二つの視点から家づくりを考えることで、家づくりをする人にとって何が良くて、何が悪いのか、それがよくわかってきます。

工務店の視点だけでも設計事務所の視点だけでも気づけなかったことがわかってくるのです。

過去20年以上の「家づくりセミナー」や「家づくりのイベント」において、1万5000人以上の方々に家づくりにおけるメリットやデメリットを本音でお伝えしてきました。そのうち、4000人を超える方々の家づくりの相談に乗ってきました。

相談者の中にはいろいろな方がおられます。

中には家づくりの途中で業者さんとの折衝《せっしょう》に嫌気がさして、涙を流す方もいらっしゃり、私も悲しい気持ちになったことを憶えています。

相談者から衝撃のひと言を聞いたことがあります。

「契約までが一番楽しかった」という言葉をうかがったときには、あまりに悲しい言葉に私の胸も痛くなりました。

家づくりの過程というものは、家族の夢が詰まった楽しい時間でなければなりません。当初は夢が膨らんで楽しい時間なのでしょうが、住宅会社の営業マンも成約までは、下にも置かぬサービスぶりですが、契約書に判をついた瞬間から、「一丁上がり」という感じで、次のターゲットに向けてエネルギーを投入するというのは、どこの世界でも見られるところです。

一生に一度のことが、こんな悲しい思い出になってしまっては元も子もありません。このような方を一人でも減らすにはどうしたらいいか考えていたときに、私の活動を聞きつけた出版者さんからのオファーもあり、本書執筆ということになりました。

内容については、私が開いているセミナーの形式同様、机上でのQ＆Aではなく、今までご相談いただいた多くの方の体験に基づき、リアルに、皆さんが不安に思う家づくりのポイントを取り上げ、できる限りわかりやすく解説しました。

この1冊で、家づくりの表側だけでなく、裏側も知ったうえで、読者のみなさんの家づくりに役立てていただければ幸いです。

桝田佳正

誰も教えてくれない家づくりの教科書Q＆A

まえがき　3

PART 1．土地探しに心配な方のためのQ＆A　27

Q1　土地探しのときにインターネットに出ている土地はどうでしょうか？　28
Q2　チラシに良い土地が出ていたのですが、注意点はありますか？　30
Q3　大手ハウスメーカー10社に土地探しを依頼したのですが、問題ないでしょうか？　また、ほかにすることはありますか？　32
Q4　土地の価格交渉はできるものなのでしょうか？　34
Q5　土地購入をする際に注意することはありますか？　36
Q6　気に入った土地が見つかりません。どうしたら良いでしょうか？　40
Q7　良い土地の情報を早く手に入れる方法はありますか？　42

PART 2. 資金計画や住宅ローンなどの予算について心配な方のためのQ&A 45
Q8 家づくりはまず何から始めれば良いでしょうか？ 46
Q9 住宅ローンで固定金利と変動金利どっちが得ですか？ 49
Q10 家づくりの予算を計画するときに、やっておくべき重要なことはありますか？ 52
Q11 営業マンの勧める住宅ローンや銀行は本当に良いのでしょうか？ 55
Q12 土地価格や建築価格が高騰していますが、もう少し待ったほうが良いでしょうか？ 59
Q13 予算オーバーしています。価格を下げる方法はありますか？ 62

PART 3. 価格や契約、営業マンのトークについて心配な方のためのQ&A 65
Q14 「今月はキャンペーン中なので、月末までに契約すれば大幅な値引きをする」と言っています。契約すべきですか？ 66

Q15 営業マンから建物の坪単価が35万円と聞きました。本当にこんな安い価格で家は建てられるのですか？ 70
Q16 追加工事に1000万円以上かかるのはなぜですか？ 72
Q17 太陽光発電を勧められています。導入すべきですか？ 77
Q18 営業マンに、土地がないのに建築請負契約を勧められています。どうすれば良いでしょうか？ 79

PART 4. 住宅会社選びについて心配な方のためのQ&A

PART 4. 住宅会社選びについて心配な方のためのQ&A 81
Q19 大手のハウスメーカーと工務店のメリットとデメリットを教えてください。 82
Q20 注文住宅で家を建てる場合の注意点を教えてください。 85
Q21 工務店で家を建てようと思っています。気をつける点を教えてください。 87
Q22 大手ハウスメーカーで家を建てるときの注意点はなんですか？ 90

Q23 大手ハウスメーカーと工務店で大幅に価格が違うのはなぜですか？ —— 93
Q24 大手ハウスメーカーの独自工法はほかと違いはありますか？ —— 96
Q25 分譲住宅を購入する際の注意点を教えてください。 —— 99
Q26 分譲住宅で選んでいい会社と選んではいけない会社を教えてください。 —— 102

PART 5. 設計や保証やメンテナンスについて心配な方のためのQ&A —— 105

Q27 営業マンが間取りを書いてきました。間取りは営業マンが書くのが普通なのでしょうか？ —— 106
Q28 分譲住宅なのに「自由設計」とは本当でしょうか？ —— 108
Q29 コーディネーターを設計者に変更してもらうことは可能でしょうか？ —— 112
Q30 キッチンメーカーのグレードを選ぶときのチェックポイントを教えてください。 —— 115
Q31 既製品ではなく、キッチンを製作してもらうことは住宅会社に依頼できますか？ —— 118

Q32 無垢材のフローリングを住宅会社から勧められました。デメリットはないのでしょうか？ 120
Q33 住宅会社から、内装に漆喰を勧められています。本当に良いのでしょうか。 122
Q34 家相上、鬼門方向には水まわりや玄関を避けてくださいと言ったらできないと断られました。本当にできないのでしょうか？ 125
Q35 「30年保証」や「60年保証」とありますが、本当にこんなに長い間保証してくれるのでしょうか？ 128
Q36 大手ハウスメーカーや工務店のメンテナンスに違いはありますか？ 131
Q37 30年間メンテナンスのいらない外壁があって本当でしょうか？ 135
Q38 電気の配線などで気をつけることはありますか？ 138

PART 6. 基礎、構造など耐震や仕様について心配な方のためのQ&A 141

Q39 基礎はべた基礎よりも布基礎が良いのでしょうか。 142

Q40 木造の柱は集成材のほうがヒノキ材より優れているのでしょうか？ 146
Q41 ツーバイフォーはほかの工法より優れているのでしょうか？ 150
Q42 鉄骨造の家を希望しています。木造とどちらが強いですか？ 154
Q43 ハウスメーカーの鉄骨造と工務店の鉄骨造の違いを教えてください。 156
Q44 ハウスメーカーの鉄骨造の基礎はビルやマンションのように深く掘らないのでしょうか？ 158
Q45 耐震1、耐震2、耐震3の強度を表す表記がありますが信用できますか？ 161
Q46 築70年の家をリフォームすれば新築同様になると言われました。本当でしょうか？ 163

PART 7. 断熱性や気密性など家の性能について心配な方のためのQ&A 167
Q47 高断熱・高気密住宅が希望ですが木造と鉄骨造ではどちらが良いでしょうか？ 168

Q48 高断熱・高気密の家を造りたいのですが
会社選びの注意点を教えてください。 170
Q49 高断熱・高気密の住宅は本当にポカポカ暖かいですか？ 173
Q50 グラスウールの断熱材は内部結露を起こして
建物に影響をあたえますか？ 176
Q51 ハウスメーカーは断熱性がよく、工務店は断熱性が悪いと聞きました。
本当でしょうか？ 179
Q52 外断熱と内断熱ではどちらが良いでしょうか？ 181

PART 8. 外壁など素材やデザインについて心配な方のためのQ＆A 185

Q53 外壁の素材は何が良いでしょうか？ 186
Q54 外壁はＡＬＣがもっとも良いと営業マンから言われました。
本当でしょうか？ 190
Q55 ＡＬＣは冬に凍結して漏水事故が多いと言われました。本当でしょうか？ 193

Q56 外壁タイルのデメリットはありますか？ 195
PART 9 内装の素材やデザインについて心配な方のためのQ&A 197
Q57 無垢の床材は隙間が出ると聞きましたが実際はどうなのでしょうか？ 198
Q58 自然素材の家を造りたいのですがどこに頼めばいいでしょうか？ 200
Q59 タイルを貼った洗面化粧台のメリットと価格を教えてください。 203
Q60 内装の色決めは何から決めていけばいいのでしょうか？ 205
PART 10 プロが教える家づくり 209
Q61 家づくり全般においての注意点と
とくにお勧めの事項があれば教えてください。 210
あとがき 214

PART 1

土地探しに心配な方のためのＱ＆Ａ

Q1 土地探しのときにインターネットに出ている土地はどうでしょうか？

インターネットで検索していますが、あまり希望に合う土地がありません。インターネット上に出ている土地は良くないのでしょうか？

A

必ずしも「良くない土地」というわけではありませんが、売れ残っている土地の場合が多く、誰でも欲しいと思う土地ではない可能性があります。

【詳しい解説】

インターネット上に出ている土地が良くないというわけではありません。ただし、誰でも欲しいと思うような土地は出ていないケースが多いのです。すぐに売れるような土地は、仲介手数料などの問題もあり表に出さずに自社で売ろうとする業者も多く、一般の不動産サイトには掲載されていない場合もあります。

プロのアドバイス

最近は、土地探しの時にインターネットで検索される方が多いと思いますが、売れ残っている土地が多く掲載されているのも現実です。

本当に良い土地は水面下で取引されているケースが多いです。「あの場所いいな〜」と思っている土地に、知らないうちに新築住宅が建っていたという経験は皆さんもあると思います。これはまさに水面下で取引が行われたケースなのです。

しかし、インターネット上の土地は売れ残っている場合が多いので、大きな価格交渉もできる場合があります。簡単にできるわけではありませんが、是非交渉してみてください。私のお客様でも数百万円の値引きに成功された方はたくさんいますので、是非頑張ってください。

Q2 チラシに良い土地が出ていたのですが、注意点はありますか？

朝、ポストを見ると土地のチラシが入っていました。
こういった土地の場合はどのように進めればいいでしょうか？

A

チラシの情報は最新ではない可能性があります。

【詳しい解説】

チラシに入っている情報は、少し前の情報の可能性があります。なぜなら、皆さんのポストにそのチラシが入るまでの流れを考えていただくとわかりやすいです。土地情報が出てからチラシを作成し、印刷にまわし、その後ポスティング業者に依頼してその地域の家のポストに入るのです。この流れを考えれば、皆さんが目にする2～3週間前にはこの情報が出ていることがわかります。つまり、チラシを見たときにはすでに売れてしまっているケースもあるのです。

プロのアドバイス

チラシに気に入った土地があれば、まずはそのチラシに書いてある不動産会社に電話を入れることです。しかもこの電話は、朝一番にするのが良いです。よく、チラシを見てから午前中に現地を見に行き、気に入れば不動産会社に問い合わせという行動をしてしまいがちですが、これでは遅いのです。もし、この土地が人気エリアであれば、午前中だけで数件問い合わせがあり、午後から連絡したあなたに対して「その物件は午前中にたくさんのお問い合わせをいただいておりまして、本日ご案内することは難しいですね」と言われてしまいます。

こういった土地の場合、すぐに売れてしまうことが多いので、いかにして商談の1番目を押さえるかが重要です。そして、もっと重要なことは決断を早くできるかという点です。「一生に一度の高い買い物なので、ゆっくり考えたいんです」と、こんなことを言っていては本当に良い土地は手に入りません。**すぐに決断できるような準備を事前にしておくこと**です。私も、決断が遅く他の方と半日違いで取られてしまった方をたくさん見てきました。決断は1～2日でできるような準備をしておいてください。

Q 3 大手ハウスメーカー10社に土地探しを依頼したのですが、問題ないでしょうか？　また、ほかにすることはありますか？

土地探しを始め、住宅展示場に行き、大手ハウスメーカー10社に土地探しの依頼をしたので現在情報がくるのを待っています。

A

ハウスメーカーに土地探しの依頼をすることはまったく問題ありません。ただし、大手だから良い土地を紹介してくれるというわけではありません。

【詳しい解説】

住宅展示場でハウスメーカーに土地探しを依頼することは問題ありません。ただ、気に入ってないハウスメーカーから土地の紹介があった際は、気まずい状況にはなるかもしれません。土地の紹介はしてもらったけれど、その会社では建てないとなると筋道からすれば少し外れてしまうような気持ちになるかもしれませんね。ですから、住宅展示場で気に入ったハウスメーカーにお願いするほうが、後々ストレスを抱えないかもしれません。

プロのアドバイス

「大手ハウスメーカーだから良い土地を紹介してくれるのではないか？」「大手だから特別な土地を持っているのではないか？」といったことを期待する人は多いです。ハウスメーカーなら、郊外に土地を造成し分譲を行っているケースもありますので、その土地はほかの会社からは案内されないと考えると特別な土地ということになりますが、一般的には、ハウスメーカーも地元の不動産業者に良い物件がないか聞いていたり、すでに出まわっている情報を紹介しているだけのこともありますので、皆さんがイメージしているものとはほど遠いかもしれません。したがって、**皆さんでも土地探しをしてみて、直接地元の不動産会社まわりをしないと、良い土地にはなかなかめぐり合わない**ということは知っておいてください。

「人気の土地を見つけるための究極のテクニックセミナー」なども開催していますので、ご興味のある方はぜひご参加ください。※この内容はＹｏｕＴｕｂｅなどでは一切配信しておりません。多くの方が実践すると土地が手に入れにくくなりますので、小人数でのシークレットセミナーとなります。

Q4 土地の価格交渉はできるものなのでしょうか？

いい土地が見つかったのですが、予算が合わずあきらめようかと思っています。土地の価格交渉はできるものでしょうか？

A

土地の価格交渉は可能です。ただし、最新土地情報や条件が良い土地の場合は価格交渉に一切乗ってくれない場合もあります。

【詳しい解説】

結論から言えば、土地の価格交渉は可能です。ただし、その日に出たばかりの最新の土地や、誰が見ても良いと言えるような物件などは交渉に応じてくれないこともあります。

基本的には、売りに出てから少し時間が経っているような土地であれば、価格の商談に乗ってくれる場合が多いです。

プロのアドバイス

土地の価格交渉は必ず行ってください。ただ、情報が出てすぐの土地や、希少性の高い土地は、業者も仕入れの土地価格自体が高い場合もあります。とくに、大阪や東京など良い土地がなかなか出てこないようなエリアの場合は交渉が難しい場合もあります。

売れ残っている土地の交渉時には、私の過去の事例から言えば、5～20パーセントの値引きも可能です。

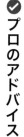

Q5 土地購入をする際に注意することはありますか?

土地購入に際して、チェックポイントや事前に準備しておくことなど必要なことがありましたら教えていただけますか。

A

基本的なチェックポイントを外してしまうと、土地購入後に無駄に費用が発生してしまうので、一見安そうに見える土地でも要注意です。

【詳しい解説】

土地購入に際して留意する点は多数あります。私も、土地を購入したいという方から土地診断を依頼されることがよくあります。

まず第一に、**敷地の中に水道管、下水管、ガス管が引き込まれているかをチェックすることが重要**です。一見、相場より安い土地だと喜んで購入したが、インフラが整備されていなくて、後から高額の費用がかかって泣かされたというケースも少なくありません。

私が住む大阪では、一般的に水道管は13m／m管が引き込まれている場合が多いですが、新築をお考えであれば、基本的に25m／m管に引き替える必要があります。これは水道本管引き込み工事といいます。このような工事や申請に関わる費用はエリアによって異なりますが、数十万円＋前面道路の舗装の復旧費が必要になります。

また、下水管の引き込みがない場合には、下水管の本管引き込み工事も必要になります。下水に関しては、地域によって行政が無償で行ってくれるところもありますが、各行政に事前に確認しておく必要があります。これを怠って、後でとんでもない請求を起こされたのでは泣くに泣けません。

ガスに関しても、前面道路にガス管が通っている場合には、ほとんど費用負担はありませんが、地域によって違いもあるので事前に確認しておきましょう。

プロのアドバイス

越境物も注意が必要です。越境物の中には、隣家の塀や、屋根や庇《ひさし》、植栽、エアコンやアンテナなど、隣地境界線を越えている場合も多くあります。ほかにも地中におけるコンクリートの基礎、給排水管などの埋設物、電線が越境している場合もあります。現地で注意深く観察しておく必要があります。

また、段差がある土地も要注意です。道路との段差、隣地との段差なども建物費用以外に高額に請求される場合があります。できれば建築を依頼するハウスメーカーや工務店にお願いして確認するのが良いでしょう。

さらに、これは命に関わることなのですが、一般に軽く見られがちなのであえて注意喚起しておきます。それは、**防犯上の視点で見たときの土地の良し悪し**です。一見よさそうな土地でも、防犯上は最悪という土地があります。

たとえば、一般的には良いと思われている公園まわりの土地です。緑が多く、避難地になっていたり、小さなお子さんを遊ばせるには格好の場所です。しかし、さまざまな防犯活動を行ってきた私の経験から言えば、空き巣の被害に遭いやすい土地条件の一つが公園まわりの土地なのです。

このように視点を変えてみると土地の価値は変わってきます、複数の視点から土地を評価していく必要があります。

ただ、公園まわりの土地を買ってはいけないということではなく、このような防犯上に問題のある土地を買ったなら、防犯対策をしっかり立てて家づくりを考えていかないといけないということです。

　このような土地購入時の注意点について、定期的にセミナーを行っています。また、防犯上悪い土地に関して、ＹｏｕＴｕｂｅにて解説しております。

　ご興味のある方は、ぜひご覧ください。

①知らないと後悔！
土地購入前に境界際に
隠されたトラブルを知る！

②９割の人が知らない
防犯上悪い土地とは？

③９割の人が知らない
防犯上悪い土地とは？
第２弾　周辺環境編

Q6 気に入った土地が見つかりません。どうしたら良いでしょうか？

土地探しでもう2年になりますが、なかなか気に入った土地が見つかりません。どうすれば、お気に入りの土地を見つけられますか？

A インターネットに頼らず、地元の不動産会社の営業マンと仲良くしましょう。

【詳しい解説】

私も仕事柄たくさんの土地を見てきました。また、気に入った土地がなかなか見つからないという相談も数限りなく受けてきました。

土地を見つけられない人には共通点があります。一番多いのは、インターネットだけに頼った土地探しをしていることです。インターネットの場合、売れ残りの土地なら簡単に見つけられますが、多くの人が欲しがるような土地や人気の学区で探している場合は、手に入れることは不可能でしょう。ときどき、インターネットで自分にとって気に入る土地に出会うことがありますが、それは一般的に良い土地というより、自分にとってだけ良い土地とも言えます。みんなが気に入るような土地がインターネットで見つけられると思っている方がいればそれは問題です。そんな土地が出れば、すぐに売れてしまうでしょう。

プロのアドバイス

本当に気に入った土地が欲しいなら、インターネットに頼ってはいけません。その土地の周辺情報を得るには便利ですが、**良い土地を手に入れたいのであれば、必ず地元の不動産会社をまわり、その会社の営業マンと親しくなってまめにコミュニケーションをとってください**。こまめに訪問や連絡することは絶対です。地元の土地についてもっとも詳しいのは地元の不動産会社の営業マンです。自分が気に入るような土地が出たら、すぐに知らせてもらえる情報の流れを、日ごろから作っておく必要があります。

私が定期的に開催している「人気の土地を手に入れるためのテクニックセミナー」では、土地探しで悩んでいらっしゃる方に究極の土地探しテクニックを伝授させていただいています。土地探しの考え方が変わるでしょう。

Q7 良い土地の情報を早く手に入れる方法はありますか？

自分たちが知らない間に、気に入っていた土地に誰かが家を建てています。どうしたら人よりいち早く、良い土地の情報を手に入れることができるでしょうか。

A

まず、良い土地情報が出たとき、すぐに買える準備をしておくことです。

【詳しい解説】

自分が目をつけていた土地に誰かがいつの間にか家を建てていた、という経験のある方は、どんな仕組みなのか不思議に思われるでしょう。

私のところに相談に来られた方もそのようなグチをこぼされます。お聞きすると、2、3年土地探しをしていて、インターネット検索や不動産会社まわりをしているがなかなか気に入った土地に出会わない、と言うのです。ご本人は最善のことをやっているのになぜだろうという意識が強くあります。実は、これが盲点になっています。

良い土地というのは、インターネットなどに情報が出る前に取引されている場合がほとんどです。一つのエリアで探していらっしゃる方は、ライバルが数十組いることを頭に入れておかなければなりません。

もしそのエリアで土地を探している人が50組いたとします。良い土地情報が出たら、その50組を飛び越して、自分たちのところに一番にその情報がこなければなりません。そんなことは不可能ですよね。

それを可能にするには、そのことを頭に入れて土地情報の検索や不動産会社まわりをしていく必要があります。そして、良い土地情報が出たときには、すぐに買える決断ができるように準備しておくことです。

プロのアドバイス

不動産会社の営業マンは、土地購入の決断に時間のかかるお客様を嫌います。土地を探しているほうから言えば、一生に一度の高い買い物だからゆっくりと考えたい、というところですが、営業マンにとっては、その土地をいかに早くお金に換えるかが勝負なのです。

土地の所有者自らが販売するならまだしも、一般に仲介業者の場合には、売れたら仲介手数料が得られる手数料商売です。他社の仲介で売れるよりも早く売らなければ売り上げになりません。

決断をなかなかしてくれないような人のところに良い土地情報を一番に持っていくことはありません。すぐに買ってくれそうなお客様のところに、いの一番で優先的に持っていくのが営業マンの心理といったところです。

とくに、良い土地、人気エリア、出物の土地がなかなか出てこないエリアなどで土地を探している人の場合は、すぐに購入の決断ができるだけの準備を事前にしておきましょう。

「土地購入を1日で決断するための土地購入マニュアル」の動画をＹｏｕＴｕｂｅで配信しております。ぜひご覧ください。

土地購入の決断を
『10倍』早める方法

PART 2

資金計画や住宅ローンなどの予算について心配な方のためのQ＆A

Q8 家づくりはまず何から始めれば良いでしょうか？

家づくりを今からスタートしようと思っています。住宅展示場に行く、不動産会社の資料を集める、住宅専門誌を見る…。何から始めたらいいか教えてください。

A

住宅展示場に行ったり、住宅会社に資料請求をしては絶対にいけません。「飛んで火にいる夏の虫」になるようなものです。住宅会社の営業マンは、「カモがネギを背負ってきた」と喜ぶことでしょう。

【詳しい解説】

家づくりを考えている方は、安易に住宅展示場に行ったり、住宅会社に資料請求したりしますが、これは絶対にやってはいけません。

住宅展示場には、腕利きの営業マンが手ぐすねひいて、カモが飛び込んでくるのを待っています。心の準備のないままのこのこ出かけると、営業マンのトークに引きずられて、あれよあれよという間に高い見積書をもらい、それを手にして銀行に連れていかれ、住宅ローンを組んでしまうことになります。

ですから、まずは予算を第一に考えることです。目いっぱいで住宅ローンを組んでしまうと、人生が住宅ローンの返済ですべてになってしまいます。外食もできない、趣味ももてない、旅行もできない、友人との食事にも行けない。いくら家が立派でも、そんな人生は嫌になるでしょう。

プロのアドバイス

家づくりで最初にするのは、住宅展示場に行くことでも、住宅会社の資料を送ってもらうことでもなく、**まずは資金計画**なのです。

また、その資金計画の前に行うことがあります。それは「**ライフプラン**」です。どんな人生を送るのか、子どもがいれば教育資金はどのくらいか、親がいれば介護はどうするか、奥さんの勤めはどうするか、自分の仕事は将来も安泰か……。

とにかく今の状況で判断しないで、5年後、10年後、15年後、20年後、35年後はどうしているか、しっかりと家族で相談し、ライフプランを立てることです。

ライフプランを練ったら、資金計画をしっかり立て、無理のない月々の返済額を決めていくのです。ここでいう資金計画とは、たとえば、土地から購入される方であれば土地代＋建築費＋諸経費（仲介手数料、登記費用、火災保険料、住宅ローンなどに関わる手数料や保証料）です。

仮に今、夫婦共働きでそれなりに収入があったとしても、それで住宅ローンを考えてはなりません。子どもができたら収入は半減します。また、子育てにもお金がかかります。そういうことを考えて、無理のない資金計画を立てるのです。

ライフプランを立て、資金計画を立て、そこから逆算して月々の返済額を算定するのがもっとも安全な家づくりのスタートです。

ライフプランは、銀行などで行える簡易的なものではなく、プロのファイナンシャルプランナーに本格的にやってもらうことをお勧めしています。

こういった準備を先に行い、その後に住宅展示場や資料請求をすれば良いのです。

Q9 住宅ローンで固定金利と変動金利どっちが得ですか?

住宅ローンを組もうと思っています。住宅営業マンから、今は変動金利のほうが絶対得と言われましたが本当でしょうか?

A

住宅ローンを組むときにどちらが得か一概には言えません。もしも変動金利が得だ、固定金利が得だと勧める人がいたら、詐欺師と思って間違いありません。

【詳しい解説】

どんな金融のプロであっても、どちらが得かなどと答えられる人はいません。

考えてみてください。たとえば、35年ローンを組んだとします。これから35年間、金利の動向がどのようになるか予想できる専門家などいると思いますか。常識的に考えても、いないと思って間違いないでしょう。

では、なぜ住宅会社の営業マンは、固定金利ではなく変動金利を勧めるのでしょうか。

それは、高価な住宅をあたかも安く見せることができるのが変動金利だからです。

たとえば、4000万円の住宅ローンを組んで35年で返済するとします。仮に変動金利が0・5パーセントの場合、月々の返済額は約10万3800円になります。これが固定金利1・5パーセントだとすると、月々の返済額は約12万2400円になります。

お客様の家賃が月々10万円だとしたら、変動金利なら月々のお支払いがあまり変わらずにマイホームが手に入ります、というように勧めて、お客様の購買意欲を煽《あお》ります。

しかし、変動金利ですから、将来金利が上がれば、当然月々の返済額も増えることになります。でも、営業マンはお客様が危惧《きぐ》するようなことは、おくびにも出しません。

プロのアドバイス

変動金利にするか、固定金利にするかは、家づくりをされる方が最終的に決めることですが、仮に変動金利を選ばれた場合には、将来金利が上がる可能性はあります。そこで、変動金利で組む場合でも、**固定金利で組んだときとの月々の返済額の差額分（毎月の固定金利と変動金利の差額分）を貯蓄しておく家計管理をお勧めしています。**こうすれば、いざというときにも慌てないで済みます。

解説の中での例で言えば、12万2400円（固定金利）−10万3800円（変動金利）＝1万8600円を変動金利が上がったときに、リスクを軽減させるために貯蓄しておくという方法です。

もしも「変動金利が得ですよ」という営業マンがいたとすれば、それは自分の成績第一に考えていると思って間違いありません。その営業マンの言うことを信用してはなりません。価格の高い家を安く見せることができるのが変動金利マジックですのでご注意ください。

また、住宅取得の際のお金の考えについて、YouTubeにもアップしていますので、参考にしてください。

①後悔しない為の変動金利でも固定金利でもない住宅ローンとは？

②【住宅ローン変動金利一択で本当に大丈夫？】前半 変動金利一択の落とし穴

③【住宅ローン変動金利一択で本当に大丈夫？】後半 90％が知らない住宅ローン金利沼の逃げ道

Q10 家づくりの予算を計画するときに、やっておくべき重要なことはありますか？

予算を聞かれたときに、土地と建物以外にどんな費用がかかるかわかりません。また予算を計画するときに何かアドバイスはないでしょうか？

A

予算計画を立てる前に、まずは、ライフプランを立てることをお勧めします。

【詳しい解説】

家づくりの予算を決めていく際に、「資金計画をしましょう」とさまざまな家づくり本で言われています。もちろん資金計画も大切ですが、その前に**まずはライフプランを立てること**をお勧めしております。このライフプランは簡易的なものではなく、ファイナンシャルプランナーにしっかりと相談し、改善点なども聞いておくことが大切です。

土地や建物の費用以外に、諸経費も必要です。土地から購入するのであれば、土地の仲介手数料や登記費用、住宅ローンの事務手数料、印紙代、火災保険代、つなぎ融資などの金利もかかる場合があります。土地の価格や地域、利用する銀行によっても金額は変わりますが、200〜300万円程度は予算に計上しておかないといけません。

また、この費用に関しては、銀行によって諸費用ローンというものもありますが、金利が高い場合も多いので現金を用意しておかれたほうがいいでしょう。

ほかに、土地を購入するときには、土地の契約金（土地価格の約10パーセント程度が多い）や建築会社の契約金（請負金額の約10パーセント程度が多い）などでも現金が必要になってくる場合が多く、「貯蓄」というのは家の購入時には重要なポイントです。

プロのアドバイス

手持ちの資金が少ない人は、こういった現金で支払わないといけない費用を事前にシミュレーションしておかないと、良い土地が出てきたとしても計画が成り立たず、土地購入を断念せざるを得ない状況になるかもしれません。必ず手持ちの資金が自分たちの計画上いくら必要なのかを計算しておく必要があります。

土地購入からであれば、不動産会社に行ったときに、自分たちの土地と建物の予算に対して資金がどれくらい必要か聞いておくといいでしょう。

また、諸経費も重要ですが、それ以上に重要なことがあります。

土地には相場がありますので、自分たちの希望しているエリアの**相場に、希望の土地面積をかければ土地の費用は算出できます。ところが、ここで問題なのが建築費です。**よく不動産会社に行かれた方の例で、「予算は？」と聞くと「土地代は2500万円で建物代は2000万円くらいかな？」と適当に根拠のない費用を言っている方をよく見かけますが、これが問題なのです。

建築費は、大手ハウスメーカーの中でもかなり差があります。大手ハウスメーカーと工務店ならば、さらに建築費に差がありますし、工務店同士であっても、各社仕様や内容が異なりますので、建築費はかなり差が出ます。

大きくわけるならば、**大手ハウスメーカーと工務店の費用感を知り、どちらでも予算上問題ないか、それとも、一般的には工務店のほうが安いと言われているので、工務店でないと全体の予算が合わないのかを最初の段階で知っておくと、土地購入の際に決断をするうえで役立ちます。**ぜひ自分たちが希望する建物がどれくらいの費用で建てられるかを知っておいてください。

Q11 営業マンの勧める住宅ローンや銀行は本当に良いのでしょうか？

希望に合う土地が出てきたので、その土地を購入して家を建てようと思うのですがその際、営業マンからオススメの銀行を紹介されました。
本当に私にとって、もっとも良い銀行なのでしょうか？

A

営業マンが勧める銀行があなたにとってもっとも良いとは限りません。

【詳しい解説】

住宅営業マンの勧める銀行があなたにとってもっとも良いとは限りません。その住宅会社が提携している銀行や審査の早い銀行など、理由はいろいろとありますが、こういった理由により銀行を勧められる場合も多いです。

現在ではインターネットを使えばさまざまな情報が入ってきますので、他人にまかせっきりにするのではなく、自らも調べてみましょう。

また、家づくりに関する住宅ローンセミナーなどを各地で開催している場合もあります。
私自身も「あなたにあった住宅ローンの銀行選び実例」というセミナーを定期的に開催しています。

プロのアドバイス

私の経験上、多くの住宅会社は、ハウスメーカー、工務店問わずその住宅会社の決めた提携ローンなどにより銀行を紹介されることが多いですが、家を建てる人にとって最良とは限りませんし、逆にあまりよくない住宅ローンを勧められているケースもたくさんあります。

住宅ローンを考えるときには金利だけで決めてもダメですし、手持ちの資金や年収、お勤め先によっても選ぶ銀行は変わります。また、住宅ローンを変動金利で組むのか固定金利で組むのかによっても選ぶ銀行は大きく変わります。

住宅の営業マンで家を建てる人にとってもっとも支払額が少なく、損をしない銀行選びを真剣にしてくれる人は少ないように思います。

以前、ある大手ハウスメーカーで契約している50代くらいの女性が私の開催する家づくりセミナーに来られたとき、セミナー終了後、書類を抱えて私のところに相談に来られました。その書類を見せていただいたのですが、絶対に行ってはいけない銀行を営業マンに勧められ、申し込みをされていたのです。計算すると、私がお勧めする銀行との差が、なんと約１５００万円の損なのです。このことをその女性に伝えましたが、「その営業マンは本当に良い人で、私にとって１５００万円も損をするような住宅ローンは勧めないと思います」と私を信用してくれません。私はその女性にハッキリ言いました。

「１５００円ではないですよ！　１５００万円損をさせようとしている営業マンは、良い営業マンとは言いません。」

そして、提出した書類を全部引きあげて、私の言う銀行にその書類を持っていくよう伝えました。被害にあいそうな方を一人救えて良かったです。

しかし、このように自分では損してしまっていることにまったく気づいていない方がとにかく多いのです。しかも１００万円や２００万円ではありません。５００万円など大きな単位で損をしている方が多くいます。

営業マンは住宅ローンの流れについてはよく知っていますが、どの住宅ローンが良いかは意外に知らない人が多いのです。その理由は簡単です。

その業界に20年います、と言われるとすべてを知っているように思われるかもしれませんが、その住宅会社が決めた提携住宅ローンがあれば、日々その銀行を勧めていますので、ほかの銀行の内容を知らない営業マンが多いということです。

ぜひ皆さんも、住宅ローンの勉強をしてください。ちょっとした宝くじの1等ぐらい得をする人もいますから、自分でも調べようという気持ちをもってください。

Q 12

土地価格や建築価格が高騰していますが、もう少し待ったほうが良いでしょうか？

子どもが小学校に上がるタイミングで家の購入を考えています。土地の価格、建築価格ともに高騰していると聞きますが、もう少し待てば価格も下がるでしょうか？

A

エリアにもよりますが、土地の価格は全体的に上がっています。急激に土地価格が安くなるということは考えにくいです。

【詳しい解説】

土地価格は、需要と供給の関係で上がったり下がったりしますが、私の住む大阪や東京で言えば全体的に価格は上がっています。ただし、価格の上がり方は場所によって大きく変わります。簡単に言えば、人気のエリアで土地がなかなか出てこないエリアは、驚くほど価格が高騰している傾向にあります。よく路線価などで比較される人もいますが、実勢価格と路線価はかなり差があります。

その反面、田舎で人があまり住んでいないようなエリアに行けば、買い手がないので価格がどんどん安くなっても売れないという状況もあります。

人気の場所で安く購入するということは非常に難しくなってきています。

ここ数年、こういった人気の土地に関しては、私の住む大阪も含めどんどんと価格が上がってきており、東京並みに高い土地が増えてきましたので、現状で言えば急激に土地価格が安くなるということは考えにくいかもしれません。また建築価格も現状では下がるということは考えにくいですね。

プロのアドバイス

土地価格も建築価格も、ここ10年を遡《さかのぼ》ってみるとずっと高くなってきました。一度高くなった価格は、よほど日本の国に大きなことがない限り安くなるということは考えにくいのかもしれません。ただし、土地に関してはエリアによってかなり価格の高騰度合いは違うようです。

現在は、職種によって仕事のやりかたも変わってきました。自宅で仕事が十分行える方も多くなってきたため、人口の集中しているエリアで高額な土地を買うより、郊外に出て広い土地を安く買い、ゆったりと暮らすような選択をする人も今後増えてくるかもしれません。これから家を購入する人は、将来どういう暮らしをしていきたいかをじっくりと考えてみるべきです。

建築価格もここ10年は上がり続けてきました。今後の流れを考えれば、さらに高騰していくと予想されますので、土地価格の高いエリアで家づくりを考えている方は、住宅ローンの組み方やご家族、ご夫婦の収入を合算したうえでの資金計画をせざるを得ないのかもしれません。本当はご主人だけの給料で住宅ローンを組み、奥様の給料は貯蓄にまわせれば理想ですが、大阪や東京などのエリアでは、お二人での住宅ローンで考えていかなければならないのかもしれません。ですからまずは、プロと一緒にしっかりとしたライフプランを立て、家を購入してから老後までのシミュレーションをして、資金的に将来困らないような計画を事前に立てておくことが重要です。

Q13 予算オーバーしています。価格を下げる方法はありますか？

現在、家づくりを計画していますが、予算がかなりオーバーしています。価格を下げるためにキッチンなどの水まわりの仕様を落とそうと考えています。ほかに価格を下げる方法があれば教えてください。

A

仕様を変えずに価格を下げる効果的方法は、建物のボリュームを下げることです。

【詳しい解説】

家づくりには、まず、予算があります。その予算をしっかり管理することで、建物完成後の生活に大きく影響します。無理に予算を組んでしまうと、そのしわ寄せが完成後にやってくるのです。家に費用をかけすぎて、ご主人のお小遣いを減らさないといけない、というのでは悲しいですね。

そこで、価格をどれくらい下げたいかで方法は変わります。50万円下げるのと300万円下げるのとでは、おのずと方法は異なります。

住宅会社の標準仕様からのコストダウンは難しいです。標準仕様よりレベルアップしているものを標準仕様に下げるのと、もともと標準仕様であったものを下げるのでは、下げ幅はまったく違ってきます。

プロのアドバイス

標準仕様から、たとえば300万円下げるとなるとかなり困難が伴います。このような場合、効果的なのが**建物自体のボリュームを下げることです**。

たとえば、大手ハウスメーカーで坪単価が100万円だった場合には、3坪圧縮するだけで、300万円のコストダウンが可能になります。仮に50万円下げるならば、0・5坪のサイズダウンで済んでしまいます。これをキッチンやユニットバスなどの仕様を下げることで費用を落とすのは大変です。

大きく価格を下げたいときは、**間取りを変えずに、各部屋を少しずつ小さくすることで、見た目や間取りのイメージを変えることなく、大幅にコストダウンしても満足のいく建物に住むことができるのです。**

部屋数を減らしてしまうと後で不満が出てくることがありますが、間取りを変えずに部屋の寸法を少しずつ小さくする方法では、「前の間取りとどこが変わったの？」と聞かれる具合に、誰の目からもわかりません。打ち合わせをしている設計士さんに相談してみてください。

また、小さなコストダウンについては、本当にそれは必要なのかという点について、いま一度冷静に考えてみてください。

予算に余裕があればいいのですが、予算をカットしなければならない局面で、それは果たして必要なのか判断してください。気分やイメージ先行で決めた無駄なものを冷静に省くことでコストダウンをすることは可能です。

一生に一度の買い物なので贅沢したい気持ちはわかります。しかし、建物は立派でも、そこに住む方の人生がギスギスしては意味がありません。気持ち良く住み続けるためには、少しばかりの勇気をもって冷静にコストダウンをはかっていきましょう。

PART 3

価格や契約、営業マンのトークについて心配な方のためのQ＆A

Q 14
「今月はキャンペーン中なので、月末までに契約すれば大幅な値引きをする」と言っています。契約すべきですか？

現在、数社のハウスメーカーと打ち合わせしています。そのうち一社が今月中に契約してくれれば、４００万円値引きすると言っています。すぐに契約すべきでしょうか？

A
このような営業マンのトークに絶対乗ってはいけません。

【詳しい解説】

私はこれまで15年以上にわたり「家づくりセミナー」を開催し、多くの家づくりを考えている方の相談に乗ってきました。そこで、営業マンの甘い言葉に誘われて契約をしたために、後悔して泣いている方をたくさん見てきました。

このような甘い言葉を弄《ろう》して早く契約を取ろうしている営業マンのトークに絶対に乗っ

てはなりません。後で泣いてもいいという覚悟があれば別ですが。

プロのアドバイス

「キャンペーンや決算のため今なら大幅な値引き」という一見もっともらしい理由で大幅な値引きを言っている会社は絶対に選んではなりません。そのような話が出ると、大幅な値引きで得をする、と一瞬考えてしまいます。しかし、それが本当の値引きと言えるか、ということです。

適正価格に500万円を上乗せした見積書を作り、そこからキャンペーン値引きと称して500万円を引くのです。今なら値引きできます、と契約を急がせます。

このようなキャンペーンは、一年中やっています。今、契約しなければ適用されなくなるわけではありません。

もしも、このようなキャンペーン値引きの話が出たら、「月内の契約は難しいけど、来月もこのキャンペーンを適用してくれるなら契約します」と言ってみてください。そうすると営業マンは、「今月だけの特別なキャンペーン値引きです」と言ってきます。それなら「契約はやめます」と言ってみてください。その結果、「特別に上司に頼んで、来月もキャンペーン特典が適用できるように掛け合ってみます」と言ってくると思います。要するにいつでもやっている手なので、今が特別な期間ではないのです。ただ月内に契約を取りたい営業マンの思惑なだけなのです。

さらにこのような営業手法を使っている会社の特徴として、高額な追加工事の請求をされやすいということがあります。ついつい**キャンペーン値引きのことで頭がいっぱいになり、契約書に判を押すか押さないかで悩み、大切な家の仕様がどんなものか確認しない人が多いため、後々高額な追加工事費用の請求に繋がる**ということになりかねません。

また、標準仕様を外れるグレードアップの仕様を希望されると、驚くほど高額な追加料金を請求されます。そこに「一生に一度のことですから」と言って、多少の無理をさせるように誘導していきます。

とくに多いのがモジュール（設計上の基準寸法）と言われる、建築の中で柱のピッチ（間隔）にかかわる基準です。一般の工務店では、910ミリや1000ミリというのが基準ですが、大手ハウスメーカーだと独自の基準があります。

ある大手ハウスメーカーの設計者に聞いて驚いた話ですが、お客様の要望で柱のピッチを一か所変えただけで100万円以上を追加請求したというのです。なので、追加料金が

1000万円を超えるというのも珍しい話ではありません。

家づくりにこだわりのある方や要望の多い方は、追加料金も予算の中に計上しておく必要があります。追加工事が適正な費用なら問題ありませんが、通常なら20万円程度の費用に対して、50万円から100万円も請求されている例もたくさん見てきましたので、十分注意してください。

また、ハウスメーカーや工務店などそれぞれの標準仕様がありますが、家を建てる方の要望により標準仕様から外れると、元々標準仕様に入っていた商品と皆さんが選んだ商品との差額が追加工事費となるのが一般的です。しかし、差額ではなく選んだ商品の金額がプラスされている場合や、ひどい場合は、通常多少の定価に対しての値引きがある商品でも、定価の金額がそのままプラスされているケースも本当に多いのです。こういった納得できないような内容の追加はまだまだありますのでご注意ください。

Q 15

営業マンから建物の坪単価が35万円と聞きました。本当にこんな安い価格で家は建てられるのですか？

営業マンに建物の価格を聞くと、坪単価は35万円なので30坪の建物では1050万円と言われました。本当にこんなに安く家が建つのでしょうか？

A

1050万円では家は建ちません。

【詳しい解説】

家づくりを考えている人の多くは住宅会社に「家の坪単価はいくらですか？」と聞きますがこの聞き方はトラブルの元です。私が知っている中では、坪単価が19万8000円という会社がありました。単純に30坪の建物であれば600万円弱で家が建つことになりますが、本当にこんな金額で家が建つかと言えば建ちません。家の坪単価には定義はありませんので、会社によって坪単価の中に含まれるものはすべて違いますし、ほとんどの会社では本体価格という部分のことを言っているケースが多いです。人が住める状態になるには本体価格だけではないので、今回の件も1050万円では家は建ちません。

プロのアドバイス

建物の坪単価は基本的に本体価格を示す場合が多く、それ以外に付帯工事や設計費、確認申請費、検査費、外構費、照明器具、地盤改良費（軟弱な地盤の場合）などがプラスされ、「住める価格」となります。それぞれの会社によっても見積りに含まれているものが違い、皆さんが同じ条件で比較検討することは難しいです。なので、一番信用できる会社やお願いしようと思っている会社に他社の見積もりを見せて、含まれていない項目などを教えてもらうか、皆さんが一つずつ項目を確認して、分からない部分は質問しながら比較検討するのがいいでしょう。決して住宅会社に「家の坪単価はいくらですか？」という聞き方をしてはいけません。「私たちが住むことのできる状態にするためにかかる費用の総額を教えてください」と聞いてください。さらに、「それ以外に必要になる可能性のある費用も教えてください」とまで聞くとなお良いですね。

Q16 追加工事に1000万円以上かかるのはなぜですか？

私たちは家づくりにこだわりがあり、注文住宅を希望しています。ハウスメーカー数社と工務店数社で検討し、もっとも価格が高い会社を選びました。その分、建物の仕様や耐震上も一番安心だと思い、住宅展示場で一番気に入った大手ハウスメーカーと契約しました。しかし、あまりにも間取りに制限が多く、自分たちの要望を聞いてもらえず、すでに追加料金が1000万円も超えているのに、自分たちのイメージから段々遠ざかってしまい、家づくりが嫌になってしまいました。他の会社も同様でしょうか？

A

住宅展示場は実際に住む家とは違います。オプションだらけの展示の家です。展示場に行ったときは、オプションはどれか必ず聞いてください。

【詳しい解説】

私のところに相談に来られる方で問題になりやすいケースは、「住宅展示場で気に入った」という点です。**住宅展示場は各社が高いお金をかけて、お客様が気に入るように造られた展示の家です。**広い土地にゆったりと建てられ、内装も外装もオプションだらけの建物で、とても標準価格で建てられるものではありません。そのため、住宅展示場の建物をイメージして契約してしまうと、自分の家の引き渡しの時に、あまりの落差に愕然としてしまいます。

ですから、そうならないためには、自分たちが希望している予算と間取りに近い規模で建った物件を見せてもらうことです。できたら、そこに住まわれている方に感想を聞いてみるといいでしょう。

プロのアドバイス

住宅展示場で一番価格が高かったから仕様も良く、耐震上も安心という考え方は、残念ながら通用しません。もちろん欠陥住宅というわけではありません。しかし、一般には価格が高い＝ハイグレードで基礎や構造部や仕上げ材はしっかりと良いものを使っていると思われがちですが、残念ながら**価格は高いのに構造や仕上げ材に費用をかけていない会社も非常に多いのです**。

大手の粗利益を知るとビックリする額なのですが、住宅展示場やテレビCM、開発費などを考えれば、やむを得ないかもしれません。

間取りの制限という点ですが、大手ハウスメーカーのほとんどが厳しい制限があります。

一般的にどの会社もモジュールという柱のピッチなど決めごとがあります。

たとえば、モジュール（設計の基準寸法）が910ミリを採用している会社であれば、間口は3640ミリや5460ミリというように910で割り切れる数字になります。

家を建てるのには、910ミリ、1000ミリなどのモジュールという基準を守って設計します。田舎のように土地が広ければ、このモジュールを守っても、要望される間取りを実現しやすいのですが、住宅密集地で土地の価格も高いところでは、土地の間口も狭いところが多く、基準のモジュールを守ると希望される間取りは実現できないケースのほうが多くなります。

ご希望の間取りを実現するためには、基準のモジュールを外すことになり、その場合、高額な追加料金がかかってしまう場合も多いのです。会社によっては、細かい要望に対して「できません」と断られるケースも稀ではありません。それでも要望どおりに追加工事をやって高額な追加料金を契約後に請求されることも多くあります。

また、追加工事は家を建てられる方のこだわりによっても大きく左右されます。こだわりによって、たとえば、外壁に高価なタイルを貼るのに５００万円追加になったのであれば仕方のないことですが、ここで注意が必要なのは、このタイルが標準外であれば、もともと標準仕様で入っていたものとの差額は清算されず、選んだ外壁材の費用だけがプラスされている場合もあるということです。わかりやすいトイレの例でよくある値引きも含めて見てみましょう。

まず、Ⓐ標準のトイレ（定価20万円）Ⓑ要望で変更したトイレ（定価30万円）の場合、どちらも定価より値引きされるのが一般的ですが、要望で変更したもの

Ⓐ【標準トイレ】
定価20万円×0.6(値引き分)=12万円

Ⓑ【変更したトイレ】
定価30万円×0.8(値引き分)=24万円

Ⓑ24万円－Ⓐ12万円=12万円

本来、Ⓑ変更したトイレを希望する場合、Ⓐ標準トイレに12万円が追加されるところ、Ⓑの定価30万円が値引きもなくそのまま追加されている場合がある。

のほうが値引き率は少し下がります。仮に、Ⓐ20万円×0・6（値引き率）＝12万円、Ⓑ30万円×0・8（値引き率）＝24万円だった場合、Ⓑのトイレを希望される際は、通常、24万円－12万円＝12万円分が標準トイレに追加されることになります。しかし、本来の追加金額は12万円のはずが、要望で変更されたⒷのトイレの定価30万円が、値引きなどもなくそのまま追加請求されている場合が多いです。**標準をはずれると差額の清算をしてくれない会社もある**ので注意してください。この場合は追加30万円となります。

新築分譲マンションのオプション費用は、私から見れば「ぼったくり」という言葉そのままですね。不動産会社によっても多少差がありますが、リビングの照明などもダウンライトに変更で50万円と普通に言ってきます。リフォーム会社に後で頼めば10万円もしないでしょう。本当に恐ろしいですね。規格型の住宅会社などでも同じような追加金額の設定をしている会社もありますのでご注意ください。

契約後に高額請求される住宅業界裏事情！

Q17 太陽光発電を勧められています。導入すべきですか？

営業マンから太陽光発電を勧められています。
本当に太陽光発電を導入すべきなのでしょうか？

A

場所にもよりますが、メリットのない場所では導入すべきではありません。

【詳しい解説】

太陽光発電は、国も導入を勧めているものです。導入してメリットのある場所であればお勧めいたします。初期費用の負担は、お住まいになる方にかかってきます。

営業マンが導入を勧めるときは、「10年で初期にかかった費用は回収できます」というようなメリットを強調した言い方をします。また、「初期費用はこれだけかかりますが、毎年これだけ発電したら、10年でこれだけの費用を回収できます」という表を見せられます。しかし、表はあくまでも目安であって、必ず計画どおりになるわけではありません。

プロのアドバイス

導入するか否か、判断するには、自分の住まいのまわりの環境が重要になります。

たとえば、東向きの土地に3階建ての家を建てようとするとき、南側に2階建ての築30年の家が建っているとします。一般に太陽光発電システムを導入する場合には、南に屋根を向け設置してしまいがちですが、もし南側の建物が建て替えをして、同じように南に屋根を向け建築されたら、こちらの太陽光パネルには、となりの屋根の影が出てしまいます。すると、発電量は一気に下がり、予定した発電量が確保できなくなります。また、正面にある電柱や電線なども、太陽光パネルに影が落ちないように計画できるかなども検討が必要です。

トータル的に近くの建物や電柱などの影の影響を受けない場所で導入すべきです。住宅密集地では、なかなか導入に適している場所は多くないかもしれません。

その場限りの営業トークを鵜呑みにしてはいけません。

太陽光パネルを絶対にのせてはいけない家とは！

Q18 営業マンに、土地がないのに建築請負契約を勧められています。どうすれば良いでしょうか？

現在、土地を探しています。住宅展示場に行ったら、営業マンから仮プランと見積りをもらいました。今ならキャンペーンで500万円値引きできるとのこと。まだ土地は見つかっていないのですが、建築請負契約を勧められています。どうすればよろしいでしょうか？

A

このような話に絶対に乗ってはなりません。

【詳しい解説】

土地を探している人が、住宅会社の営業マンから、「今ならキャンペーン期間中なので500万円値引きできます。仮の土地で契約して、気に入った土地が見つかったときにこの価格を引き継ぎます」というように、まだ土地も見つかっていないのに契約を迫るような営業をされるときがあります。これは、営業マンが今月の営業ノルマの達成やお客様の囲い込みのために行っていることなので、このような話に絶対に乗ってはなりません。

プロのアドバイス

敷地が決まっていない建築請負契約は、一部では「空中契約」などと言われ、敷地の安全性や周りの環境、状況がわからない状態での契約ですから、後々大きなトラブルの原因になります。いったんは値引きした金額で契約を引き継ぎますが、後からいろいろと条件をつけて、法外な追加料金を請求されるケースが多くあります。そこで、契約解除を持ち出すと、違約金だとかなんとか理由をつけて、契約金の返還に応じないこともあります。

いずれにせよ、家づくりをする方にとって決して得になる契約にはなりませんので、絶対にしてはいけません。名の通った大手ハウスメーカーだからといって安心はできません。

このような話を持ってくる会社は、大手ハウスメーカーだろうが、地元の工務店だろうが、信用できません。このような話をする営業マンに出会ったら、すべて断って損はありません。検討の余地もありません。私の経験上、一部の大手のハウスメーカーの営業マンもやっているのにはビックリしました。

PART 4

住宅会社選びについて心配な方のためのＱ＆Ａ

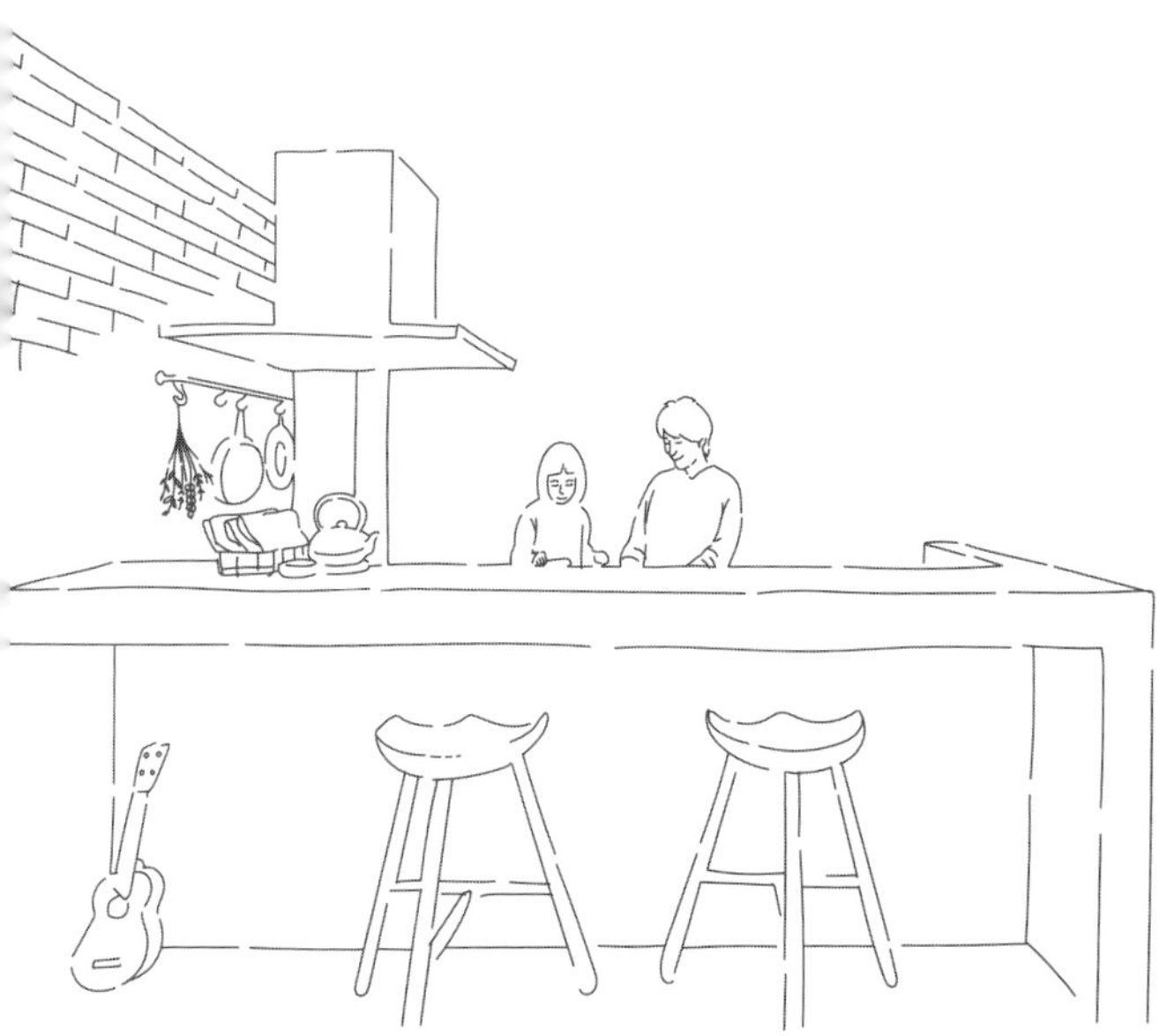

Q 19
大手のハウスメーカーと工務店のメリットとデメリットを教えてください。

家づくりを大手ハウスメーカーにするか、地元の工務店にするかで悩んでいます。両方のメリットとデメリットを教えてください。

A

大手ハウスメーカーの安心を取るか、工務店の自由度を選ぶかです。

【詳しい解説】

大手のハウスメーカーのメリットは、倒産などのリスクも少なく安心というところがあげられます。それに対して、工務店はそういった点ではどうしても劣りますが、メンテナンスの迅速さや自由度の高い設計などは大手ハウスメーカーでは難しいケースが多いです。

プロのアドバイス

大手ハウスメーカーは一見メンテナンスがしっかりしているように見えますが、ほとんど下請けに委託しているケースが多いために、施工当時の事情がわからず施工内容も把握できていないことが多いようです。問題が生じた場合も、ほかの業者がくることになりますが、私が相談を受けた中では大手ハウスメーカーも会社によって良い会社、悪い会社、かなり差があります。

また、ハウスメーカーや工務店含め、定期点検なども委託された下請け業者の対応は、住んでいる人からすれば割りきった対応に感じるかもしれません。私は、今まで多くの相談を受けてきましたが、大きなトラブルに関して、ハウスメーカーはある一定のところまでは対応してくれますが、それ以降は非常に割りきった対応や法的な話になり、住む人と向かい合わず誠実でない対応がゆえにトラブルになった例をたくさん聞きました。これらの相談でふと感じるのは、こういった部分に関しては工務店のほうが真摯で迅速な対応をされている会社が多いように思います。

ただし、メンテナンス計画などにおいては、大手ハウスメーカーのほうがきっちりとされている印象です。大手ハウスメーカーと工務店では、様々な項目が比較対象になり、例としてはメンテナンス、倒産リスク、品質管理、設計の自由度、直接施工と下請け施工、性能、そしてもっとも重要な建築費や契約後の追加工事の出やすさといった予算に関係することなど、様々な比較内容があります。この中でもっとも重要ともいえる建築費は、**大手ハウスメーカーのほうが工務店よりも５００万円〜１０００万円以上高い場合も多く、**このハードルを越えられる人がその他の項目について検討できるということになりますので、まずは予算確認が必要と言えます。大手ハウスメーカーと工務店の価格の違いについてはＱ23、Ｑ24（93〜98ページ）にて説明しておりますのでご参照ください。

Q 20 注文住宅で家を建てる場合の注意点を教えてください。

注文住宅で家づくりを考えています。注意点がありましたら教えてください。

A

注文住宅の場合、追加工事も含めた資金計画をしっかり立てることです。また、注文住宅という言葉に定義はありません。

【詳しい解説】

注文住宅の場合、いろいろなことができる反面、要望が多いと、そのたびに追加工事が増え、予算は契約金額だけでなく、追加工事分も含めた金額が全体の予算となります。そのため資金計画をしっかり立てておく必要があります。

プロのアドバイス

注文住宅の場合、よくあるトラブルとして、打ち合わせを進めていくと、規格が外れるので希望が通らなかったり、希望を通すためには高額な追加工事が必要となることがあります。「**契約までが楽しかった**」とストレスを感じている方の話をよく聞きます。

「**注文住宅」にとくに定義があるわけではありません。**最近では、分譲住宅をメインでやっていた会社が、注文住宅の市場に参入してくるケースがあります。しかし問題は、設計士です。分譲住宅の設計士は、ほとんど決まった住宅の設計をしていますので、さまざまな注文に対応するだけの能力がない場合が多く、そのために分譲住宅と変わらない名ばかりの「注文住宅」となってしまうのです。

大手ハウスメーカーは「注文住宅」のイメージがありますが、年間で数千棟、数万棟の住宅を建てていますので、どうしても規格や仕様に制限ができてしまうのも仕方がないことです。一人ひとりの要望に応えていたら、ミスや問題が生じる可能性が高くなります。

大手ハウスメーカーでは、品質を一定レベルに保つために、現場での作業工程を減らす努力をしたりと、さまざまな工夫をこらしています。ただし、そのために自由度が狭まるという点はやむをえないのです。家を建てる人が「**本当に注文できる注文住宅」を選ぶか、「注文できない名ばかりの注文住宅」すなわち規格住宅を選ぶか、それぞれのメリットとデメリットをしっかり理解して判断してください。**

Q21 工務店で家を建てようと思っています。気をつける点を教えてください。

地元の工務店に頼んで家を建てようと考えています。気をつけなければいけない点を教えてください。

A

第三者の完成引き渡し保証制度を利用できるか、聞いてみるといいでしょう。

【詳しい解説】

大手ハウスメーカーに比べて、工務店は信用という点で劣るかもしれません。しかし、工務店の中には、ハウスメーカー以上にしっかりした施工管理や設計監理のできる会社もあります。その反対に、ずさんな管理で信用できないという会社もあります。また、その会社が倒産したら、その後のメンテナンスはどうなるか、という問題もあります。

プロのアドバイス

工務店の業績をチェックする簡単な方法の一つに、その工務店が「完成引き渡し保証」に登録できているか、それを利用できるか、聞いてみるといいでしょう。２年間赤字の会社経営をしている工務店は、基本的に**「完成引き渡し保証制度」**を導入できない場合が多いのです。その会社の経営状態を知るのにもっとも簡単な方法です。

工務店の中にはリフォーム工事しか行っていない会社もあれば、年に2、3棟しか施工していない会社もあります。中には年間で30～50棟も建てている工務店もあれば、年間で１００棟以上の施工を行う工務店もあります。

ひとくちに工務店といってもピンからキリまであります。施工数は少なくても、一棟一棟を丁寧に施工している工務店もあります。

工務店なら直接施工してくれると思っている方も多いと思いますが、年間20～30棟規模の施工を行う工務店になると、ほかの下請工務店に工事を丸投げするところもあり、お客様を裏切る結果となるものもあります。

私は**工務店とは、本来、自社で施工し、自社で現場管理をするのが理想**と考えています。

直接施工するのであれば、お客様の顔が見えていますので、お客様に喜んでいただくために、しっかりと施工しようとする意識が高くなります。

一方、下請けで請け負っている工務店にとって、お客様とは元請工務店であり、家の建築を依頼している建築主（施主）ではないのです。いかに早く、いかに安く仕上げるかという点に全力をそそぎ、本来の建築主（施主）の顔は見ていません。その点もチェックする必要があります。

また、地元の評判もチェックポイントです。トラブルの多い工務店は、地元では仕事ができないので、どうしても地元以外の支店などの仕事が多くなります。地元で長年やっている工務店ならば、信用があり安心して頼むことができます。

また、地元の施工実績があるならば、メンテナンスがどうなっているのか機会があれば、実際に住んでいる方に聞いてみるのもいいでしょう。

Q22 大手ハウスメーカーで家を建てるときの注意点はなんですか？

家を建てるなら大手ハウスメーカーがいいと思っています。どのように会社選びをしたらいいか、教えてください。

A

大手ハウスメーカーの会社選びは簡単です。

【詳しい解説】

大手ハウスメーカーの会社選びは、工務店の会社選びよりは簡単です。予算の面では、大手ハウスメーカー同士でもかなりの価格差があります。木質系と鉄骨系では、鉄骨系の建物のほうが一般的には価格は高くなります。そればかりでなく、大手ハウスメーカーの会社選びが容易なのは、**会社ごとの特徴がはっきりしている、かつ、自分の求めている家かどうかの判断がしやすい**のです。

プロのアドバイス

たとえば、気密性と断熱性の問題があります。木造だと気密性や断熱性を前面に打ち出している会社が多いですが、一方、鉄骨系だと耐火性や耐震性を前面に打ち出している会社が多い傾向にあります。

気密（C値）や断熱性（UA値）に自信のある会社は、ホームページやカタログに二つの数値を打ち出します。ところが特に気密性（C値）に自信のない会社は、数値を明らかにしていません。気密性と断熱性はセットで考えなければなりません。バランスが必要だからです。

このようにハウスメーカーごとに特徴があります。家を建てる方のこだわりによって、会社選びをすればいいのです。また、予算と建てたい家のイメージが一致できる会社を選びたいものです。

住宅展示場やホームページ、営業マンから情報を聞き出して、ご自分と相性の合う会社を選ぶようにしてください。たとえば断熱性や気密性にこだわるなら、ヒートブリッジ(※)の問題もあるため鉄骨系の会社を選ぶ人は少ないのかもしれません。ほかにも、耐火性にこだわっている会社、メンテナンスフリーのような長期メンテナンスなしを特徴としている会社など、ハウスメーカーはほとんどの会社の特徴が明確であり、仕様も決まっているため、ハウスメーカーの仕様が自分たちの望む家に合うか合わないかでしぼり込むことができます。

Q23 大手ハウスメーカーと工務店で大幅に価格が違うのはなぜですか？

大手ハウスメーカーと地元の工務店で、坪数、間取りが同じでも、価格が1000万円以上違うのは、どうしてですか？

A

大手ハウスメーカーでは、テレビCM、広告宣伝や全国にある展示場などにかかる土地代や人件費などを含めた経費など、工務店と比べて多額のコストがかかっているためにどうしても高額になります。

【詳しい解説】

大手ハウスメーカーのほとんどが**テレビCMやネット広告、住宅展示場に膨大なコストをかけています。**また、一般の工務店との差別化を図るために、独自の工法で施工しているところも少なくありません。**その開発にもかなりのコストがかかっています。**とくにこのような独自の工法が一般的な工法に比べて優れているわけではありませんが、最新工法とうたって、高額な費用で契約を取ることができるからなのです。
また、ハウスメーカーと工務店では、利益率が2倍以上も違うともいわれています。

✓プロのアドバイス

よく、**価格が高いから基礎や内装などに費用がかかっていると思われがちですが、これはまったく違います。**

たとえば、基礎には、大きく分けるとべた基礎と布基礎の2種類の仕様があります。コストは布基礎よりべた基礎のほうが高くつきます。

40〜50年前では、布基礎が一般的でしたが、近年においてはべた基礎が主流となっています。ところが大手ハウスメーカーでは、現在も布基礎を標準仕様にしているところが多いのです。コンクリート量やコンクリートに入れる鉄筋量についても、布基礎よりべた基礎のほうが多くなり、当然コストもまったく違います。しかし、今後の地震のことを考えれば、布基礎よりべた基礎のほうがベターと考える人が圧倒的に多いのです。

ですから、価格の高い建物＝仕様に費用をかけているから高い家、ということにはなりません。

「○○ハウスが高いのは、きっと仕様がほかとは違うからなんだ」という思い込みをもたれている方がもしいたなら、内容をしっかり見ていくと、愕然とすることになるでしょう。

もちろん布基礎がダメというわけではありませんが、以前から何度か起きている建物の偽装問題を見てもわかるように、大手ハウスメーカーやそのほかの住宅会社においても、名前が通っているから、必ずしも信用できるということにはなりません。また価格については、テレビや新聞、いまではネット広告でバンバン宣伝を打っている会社の費用は、建てる人の住宅のコストに乗っかっている、ということをお忘れなく。会社選びでは、たんに知名度だけで選ぶのではなく、建物の中身をしっかりと見て比較することが、後悔のない家づくりとなります。

Q24 大手ハウスメーカーの独自工法はほかと違いはありますか？

大手ハウスメーカーの営業マンの話を聞くと、独自の工法により一般住宅よりも強いと言われました。本当のところはどうなのでしょうか？　こういった独自の工法含め、大手ハウスメーカーのブランドをどのように考えればよいのでしょうか。

A

独自の工法を使わなくても、強い建物を建てることはできます。

【詳しい解説】

大手ハウスメーカーは独自の工法をうたうことで、ほかのハウスメーカーや工務店との**差別化を図っています。**

しかし、**独自の工法というものが、特別な強度を持っているわけではありません。**

したがって、そのような独自の工法を使わなくても、強い建物はいくらでも建てることは可能です。

プロのアドバイス

大手ハウスメーカーと工務店の見積もりを取り寄せて、比較すると驚くでしょう。同じ大きさの建物が1000万円以上高い場合もよくある話です。

大手ハウスメーカーの中にも、独自の工法路線と、一般の工務店と同じ工法で建てている会社がありますので、どちらが良い悪いというわけではありませんが、**独自の工法となれば膨大な開発費がかかります**。その費用を、家を建てる人が建築費として負担するのです。**大手ハウスメーカーの中でも、ローコスト系といわれる会社が独自の工法を使っていない**ことがその理由でもあります。

確かに独自の工法をうたっているのですが、建物の強度が特別なわけではありません。その独自の工法が何年かに一度変わり、違う工法に変わっていくような会社もありますが、私が家を建てる立場なら、前の工法は何か問題があったので違う工法になったのかと心配になります。

一般に考えられるように大手ハウスメーカーは潰れる可能性が低いですし、安心やブランド力がありますから、そういった部分を重視される方は、高額な費用で安心を買ったと思えば問題ないのかもしれません。ただし、ブランドという考えでいえば、人によってその感覚は大きく変わります。大手ハウスメーカーは安心というブランドはありますが、個性という意味ではブランドとは言えないのかもしれません。

全国には超高級住宅地という地域があります。私の住む大阪にも超高級住宅地のエリアがありますが、なぜか大手ハウスメーカーが建てた家は少ないのです。こういうエリアでは、ほかの家と同じ形や同じ素材の外観を好まないという傾向があります。だから、設計事務所や工務店に依頼し、自分たちだけのオリジナルブランド的な、おしゃれな家を建てる人が多いようです。

Q25 分譲住宅を購入する際の注意点を教えてください。

分譲住宅で家を購入しようと考えています。
絶対に注意しなければいけない点がありましたら教えてください。

A

施工は自社か下請けか聞いて、現場管理体制を聞いてみてください。

【詳しい解説】

分譲会社は下請けの工務店に施工を依頼しているケースが多いのです。下請けの工務店が請け負っている工事金額は非常に安く、ほとんど利益が出ないケースもあります。そのため、手抜きやまともな管理をしていない会社も多くありますので注意が必要です。

プロのアドバイス

私の会社も今から20年以上前には、分譲住宅の会社の下請けで建築だけを請け負い、何百棟も建てていました。しかし、請負の金額が非常に安いうえ、住む方の気持ちなどを考える余裕もなく、機械的にポンポンと家を建てていました。工事金額があまりに安いため、最低限のことをいかに効率良くやるかしか考えられませんでした。4〜5か月の作業で手元に残ったのは数万円というのも当たり前でした。住む方の顔も見えず、ただ建てるだけの生活が嫌になり、建売分譲の下請けをやめました。

1棟当たりの利益が少ないため、一度に5棟や10棟を建てることにより利益を得るようにしている場合が多いようですが、現在ではこれもなかなか難しいようです。それぐらい分譲の下請け業者はギリギリのところで工事を請け負っていると認識してください。

ただし、現在の分譲住宅の会社でも、しっかりした管理のもとに建てている業者もありますし、自社で管理して品質に厳しい会社もあります。

分譲の場合には、**施工は自社か下請けか聞いてみてください**。また、**品質の管理はどのようになっているかも聞いてください。その質問に明確に答えられる会社を選ぶようにしてください**。

さらに、「この家は役所の検査もしっかり受けているので、ご安心ください」といった営業マンのトークには気をつけてください。役所の検査はあくまで構造の一部の検査だからです。小規模な木造2階建ての場合は、役所の基礎検査なども現在（2022年）では必要ないので、今後3階建て同様に基礎検査を行うようになれば安心感も増すでしょう。

建物の安心とは構造だけではなく、屋根や外壁などの仕上げや、断熱材一つをとっても、大工さんや施工業者に任せてしまっているのか、施工後の検査などを設計者や第三者の検査機関が行っているかなど、現場の管理体制を聞いてみるといいでしょう。

また、費用面では、分譲住宅だから安いと思って契約する人も多いのですが、分譲住宅でも自由設計という売り方をされている会社が近年多く、**よくトラブルになるのが、自由設計と言いながら自由がほとんどないということ**と、要望を伝えたときの追加工事で最終的にかなり高額な建物になっているケースです。結果として注文住宅の会社で家を建てたときと費用面で変わらなくなり、後悔している人も少なくありませんので注意が必要です。

営業マンの「**私たちはきっちりと施工しております**」**という軽い言葉では安心とは言えません。**

Q26 分譲住宅で選んでいい会社と選んではいけない会社を教えてください。

分譲住宅で家づくりをする場合に、住宅会社の選び方を教えてください。どんな会社を選んではいけないのでしょうか？

A

古くから地元で実績のある分譲住宅会社や、自社施工で行っている会社が無難です。

【詳しい解説】

大手ハウスメーカーだからといって100パーセント安心とは言えませんが、昔と違って、分譲住宅会社でも厳しい管理体制で家づくりをしている会社もあります。また、小さいながら品質にこだわった分譲住宅会社もありますが、私が知る限りでは少数です。

プロのアドバイス

実際のところ費用の問題があります。現場で腕のいい職人さんを使いたいのは誰でも思うところですが、腕のいい職人さんにお願いしようと思えば、安い金額では難しいのです。

当然、そのような職人さんにお願いできなければ、家づくりのレベルダウンは否めません。分譲住宅の場合、自社で施工している会社よりも、下請けに仕事をすべて依頼しているケースが非常に多いのですが、このときの下請け業者の工事の請負金額は非常に安い金額で施工を依頼している場合が多く、どうしても良い職人さんたちは、工事単価の高い会社に集まる傾向にあります。

また、中には開業して、新しい業者で手抜きをしてトラブルになり、会社をいったん潰して逃げてしまう悪徳業者もおりますので注意が必要です。

一つの目安となるのは、**不動産業者の宅建業免許番号をチェックすることです**。もちろんこの番号ですべて判断できるわけではありませんが、実績や新しい業者か古い業者かの判断材料になります。

たとえば、ホームページなどを見れば、「大阪府知事(1)第12345号」のようなものが表示されています。この「(1)」というのは一般的には比較的新しい業者であることを示しています。ここの数字が大きくなればなるほど、歴史の長い業者であると判断できます。

また、会社の創業年月日もチェックしてみてください。不動産会社の宅建免許は5年で更新なので、5年ごとに数字が一つずつ増えていきます。ただし、個人事業主として不動産業を行っていて法人に切り替わる場合は、業暦が長い人も(1)に戻るので、あくまで目安にということでご理解ください。

また、その会社がすでに施工した分譲住宅を教えてもらい、そこに住んでいる人にインタビューがもしできるようであれば、住み心地やメンテナンスなどの対応について確認することができるので、より安心できるでしょう。

PART 5

設計や保証やメンテナンスについて心配な方のためのQ＆A

Q27

営業マンが間取りを書いてきました。間取りは営業マンが書くのが普通なのでしょうか？

ハウスメーカーと打ち合わせしていますが、営業マンが間取りを書いてきて提案してきました。どの会社でも資格のない営業マンが間取りを書くのですか。少々不安です。

A

本来、家づくりは設計士が考えるものです。あらかじめ誰が担当し設計するのか、細かい打ち合わせは誰がするのかを聞いてみましょう。

【詳しい解説】

この現実を知ると、みなさん驚きます。営業マンが間取りを書くということは多くの会社で行われていますが、私は家づくりはしっかりした設計士が間取りを考えるべきであると思います。ハウスメーカーや工務店の中にも、営業マンが間取りを書くというのは珍しくありません。不安であれば、他の会社を選ばれるか、あらかじめ誰が設計して、誰が細かい打ち合わせをするのか、聞いて確認しておくといいでしょう。

プロのアドバイス

多くの会社で営業マンが間取りを書いてますが、家づくりセミナー参加者の相談例で言えば、繰り返し間取りの打ち合わせをしていても、**プロでもない営業マンが何千万円もする、住む人にとって大切な家の間取りを書くことは失礼であり危険でもあります。**この間取りで進めていき、構造の検討をしたときに、構造上成り立たず、大きな間取り変更となり、**希望の間取りの家とならずトラブルになる**ケースもあります。

一生に一度の大切な家の間取りは営業マンに任せるのではなく、プロの設計士に書いてもらうことがトラブルやストレスなく楽しく家づくりをしていくためには重要なポイントです。気に入った住宅会社の流れを事前に確認してみてください。

Q28 分譲住宅なのに「自由設計」とは本当でしょうか？

よく分譲住宅の広告で「自由設計」と書かれていますが、本当のところは、どこまで自由な家づくりが叶うのでしょうか。

A

分譲住宅の自由設計は、「自由がほとんどない設計」くらいに理解していただくと、ストレスはないかもしれません。

【詳しい解説】

分譲住宅の宣伝広告では、ほとんどの会社が「自由設計」をうたっていますが、この「自由設計」や「注文住宅」という言葉には、明確な定義はありません。

その会社が勝手に「当社では自由設計で家づくりをしている」と言えば、それが通ってしまう世界なのです。

私のセミナーで多い相談の一つが、この「自由設計」ですが、この言葉を信じて契約して、後でトラブルになったというケースは本当に多くあります。

分譲住宅会社がうたっている「自由設計」は信じてはいけません。むしろ「分譲住宅は自由がほとんどない」くらいに理解しておいたほうが、少なくとも家づくりのストレスは感じないで済みます。

プロのアドバイス

分譲住宅で本格的な注文住宅を思い描いて契約した場合、一番愕然とするのが、設計士のレベルです。分譲住宅の設計士は、日ごろから決まった仕様の住宅を流れ作業のように設計しています。そのため、設計事務所のように幅広い提案ができるだけのキャパシティのある設計士はほとんどいません。

以前、私のところに、地元で年間300〜500棟近く分譲住宅を建てている会社が数社、注文住宅の分野に手を広げたいがどうしたらいいか、と相談に来ました。どの会社も一番の悩みは、分譲住宅に慣れてしまった設計士のレベルだということでした。

分譲住宅は、本格的な注文住宅に比べればリーズナブルに手に入りますが、こだわりの強い方であれば、そこに自分たちの希望をすべて叶えようとするのは難しいでしょう。もしも、自分たちの望みをすべて叶えようとするなら、それなりの予算と会社選びも重要なポイントです。

私が相談を受けた中で、ひどい例を紹介します。

ある住宅購入を希望されている方が、自由設計をうたっている不動産会社と分譲住宅の契約をしました。打ち合わせが進むにつれて、いくつもの疑問が生じてきました。

まず、打ち合わせは、ずっと営業マンで、設計士などは一切登場しません。

打ち合わせが進み、確認申請を出す段階になると、構造的に希望する間取りが成り立たず、大きな変更を余儀なくされました。多少の変更なら我慢できますが、当初とまったく違う間取りとなったのです。

やむを得ず、その間取りで進めることになり、次に外壁のデザイン決めに移ったときです。3種類の色の外壁が提案されました。そこで施主は、「これ以外の外壁は選べないのか」と尋ねました。すると返ってきた返事は、「それはできません」でした。

そこで、「こんなの自由設計でもなんでもないではないか」と言うと、**驚愕の言葉が返ってきたのです。**

「**自由設計だから、3種類の中から選べるのです**」

その言葉に呆れて、返す言葉がなかったと言います。3種類しか選べないものを自由設計というでしょうか。呆れて契約解除を申し入れたところ、契約金は返してもらえず、逆に違約金と言って500万円の請求書が送られてきたといいます。恐ろしい話です。

ゆめゆめ「自由設計」という言葉に騙されないようにしましょう。

Q 29 コーディネーターを設計者に変更してもらうことは可能でしょうか？

家づくりを始めて、途中で営業マンからコーディネーターを紹介され、仕様などを決めていますが、私たちのイメージがうまく伝わらず、ストレスを感じています。コーディネーターではなく、設計者に担当を変えてもらうことは可能でしょうか？

A

住宅業界のコーディネーターは無資格の人も少なくありません。コーディネーターと家づくりを進めていく会社は注文住宅とうたってはいても規格住宅の可能性が高く、本格的な注文住宅を望んでいる方には不向きです。

【詳しい解説】

コーディネーターにうまく自分たちのイメージが伝わらない、というご相談はよく受けます。家づくりを始めて、家が完成するまでの流れは、住宅会社によって異なります。一般的に多い例を挙げます。

・営業マンが最初から最後まで担当者としてプランや色決めなどを行う会社。

・営業マンが担当者としてプランの打ち合わせを行い、色決めや仕様決めはコーディネーターが行う会社（この場合、コーディネーターは必ずしもインテリア・コーディネーターや建築士の資格を持っているとは限らない）。このパターンが住宅業界において最も多い流れ。

・営業マンが担当者としてプランの打ち合わせを行い、契約後は設計士が打ち合わせをし、色決めなどはコーディネーターが行う会社。

・最初から最後まで設計士が担当し、提案する会社。営業マンがいない会社で、業界ではもっとも少ない。比較的少人数の会社。

コーディネーターが色決めや仕様決めをしていくという流れの会社であれば、設計士はプランニングなどの間取りや外観を決める役割なのでしょう。それぞれが役割分担している会社では、設計士は日頃の業務として仕上げの色決めや仕様決めをしていないために知識不足の可能性があります。このような会社も表向きは注文住宅と言ってはいても、ほとんどの場合、規格住宅会社と言えるでしょう。このような場合でもこだわりの強い方の場合、コーディネーターとの相性もありますが、できるだけ経験豊かな、ベテランのコーディネーターへの変更を営業マンに申し出てみるといいでしょう。契約前であれば、家の完成まで、誰と、どういった打ち合わせをしていくかを確認することをお勧めします。

プロのアドバイス

住宅業界のコーディネーターと称する人が、すべて認定資格であるインテリア・コーディネーターや建築士などの有資格者というわけではありません。まったくの素人が、社内でコーディネーターと称して、打ち合わせをしている場合も少なくありません。

注文住宅や分譲住宅、どちらにおいても営業マンからコーディネーターへ引き継ぐ会社が一般的には多く見られますが、言い換えれば、規格住宅だからコーディネーターだけで家づくりができるとも言えます。もし本格的な注文住宅を希望される方は、設計者が家づくりのパートナーとしてしっかりサポートしてくれる会社選びをしていくことが重要です。仕上げの色や、素材などを決めることが設計というものではありません。規格型の住宅で満足されるなら、コーディネーターとの打ち合わせだけでも問題ないでしょう。設計者にしてもコーディネーターにしても、相性というものは非常に重要なポイントです。相性の合う人との家づくりが楽しい家づくりにつながるでしょう。

Q30

キッチンメーカーのグレードを選ぶときのチェックポイントを教えてください。

キッチンメーカーのグレードを選ぶときは、どのようなポイントをチェックすべきか教えてください。

A

各メーカーによって部分的な違いはありますが、大きな差はありません。ご希望のものを取り扱わないメーカーもありますのであらかじめ問い合わせてください。

【詳しい解説】

各キッチンメーカーによって部分的な違いはありますが、昔に比べ大きな差はなくなっています。基本的に食器洗い乾燥機、ガス機器、ＩＨ機器などは一部のメーカーを除き、専門の会社がＯＥＭ（他社ブランド製品を製造すること）し、キッチンメーカー各社に提供しています。そのため機器による差はほとんどありません。

ただし、メーカーによっては、その機器の取り扱いをしていない場合がありますので、事前にキッチンメーカーに取り扱いの有無を問い合わせておくことも大事です。

プロのアドバイス

システムキッチンのチェックポイントとしては、キッチンの天板、扉の種類、レンジフード（換気扇部分）、収納の量（収納部分のレールの長さにより収納量が変わります）、収納部分の工夫されているところ、シンク位置の変更可能範囲（シンクをできるだけ端に寄せたい、中央部分に寄せたいといった希望への対応範囲）です。

一般的にシステムキッチンの天板の高さは８００ミリ、８５０ミリ、９００ミリで設定、キッチンの幅は２１００～３０００ミリ程度の設定のキッチンメーカーが多いです。

食器洗い乾燥機は大きく分けて浅型と深型の2種類があります。水栓の種類、ガスコンロ（ガラストップなど）の種類はさまざまです。天板の人造大理石やステンレス、クォーツストーンや天然石などの各種類や表面の加工の違いがあります。人造大理石の中には、耐熱温度が２００度から３５０度でも耐えられるものがあります。

レンジフードなどは、手入れの楽なタイプと一般的なタイプに分かれ、フィルターがないものや内部のファンなどがワンタッチで外せて手入れが非常に楽なものまであります。

各メーカーへ事前に、特徴や機能について問い合わせし、自分に合ったメーカー選びやそこに組み込まれる機器選びをしてください。

ショールームなどに行ったときには**そのメーカーでしかない特徴や設備などは必ず聞いてみてください**。また、**各グレードの違いも聞いて明確に**しておくと、自分たちにとってはどのグレードが向いているかの判断ができるでしょう。

Q31
既製品ではなく、キッチンを製作してもらうことは
住宅会社に依頼できますか?

一般的にキッチンなどの製作は住宅会社がやってくれるものなのですか。

A
規格住宅を専門としているハウスメーカーや工務店では断られる可能性があります。

【詳しい解説】
大手のハウスメーカーや工務店の中でも年間多くの棟数を建てている会社の場合は、標準仕様外では建てられない会社も多くありますので、事前に確認してみてください。

プロのアドバイス
昨今では一般のキッチンメーカー以外に住宅会社などを通さず、家を建てる人に直接おしゃれなデザインのキッチンや水まわり商品などを販売している会社があります。昔なら

オーダーでしか造れなかったものが、一定の制限はあるものの、おしゃれなデザインで価格を抑えたキッチンも提供されているので、気に入ったデザインを探してみるのもいいかもしれません。

ただし、キッチンなどは長く使用するものですから、おしゃれなデザインだからと選んでしまうと、後々のメンテナンスに問題が生じるなど、あまりお勧めはできません。部品がなかったり、特殊な型なので対応できないなどという答えが返ってくることがあり、よく相談を受けます。目先のデザインで選ぶと、将来後悔することにもなりかねません。**完全にオーダーキッチンを造っている会社でも制限があったりします。またキッチンの収納の配列が完全オーダーとうたっていても既製品で対応できる程度の配列になりがちです。**

オーダーキッチンの会社は、年間台数がそれほどあるわけではないので、一台あたりの価格が非常に高いということも覚えておきましょう。一般的にはオーダーキッチンの場合には300万円以上というイメージがあるかもしれませんが、セミオーダーで比較的価格を抑えて、自由度の高いキッチンを製作してくれる会社もあります。

外せないこだわりの部分を整理して、どのキッチンメーカーが自分たちにとっていい会社なのか事前によく検討して、後悔のないキッチン選びを目指してください。

Q 32

無垢材のフローリングを住宅会社から勧められました。デメリットはないのでしょうか？

一般の合板のフローリングよりも無垢材のフローリングのほうが良いと勧められました。本当に無垢材のフローリングのほうが良いのでしょうか？

A

それぞれにメリットやデメリットがあります。

【詳しい解説】

どちらのフローリングが良いとは一概に言えません。それぞれにメリットとデメリットがあります。無垢材のどういった部分を良いと言っているのか住宅会社に聞いてみるといいでしょう。無垢材の見た目の風合いなのか、素足で歩く時の歩行感や肌ざわりなのか、木が呼吸する点での吸放湿性なのか、冬場のひんやりと足元に感じる冷たさを軽減するためなのかなど、何が良くて使用するのかを明確にし、理解しておくことが、後々後悔のない床材選びとなるでしょう。

プロのアドバイス

ナラのような無垢材は、スギと比べて堅く傷つきにくいですが、無垢の温かみ（ひんやりしない）という点ではスギに劣ります。それぞれにメリット、デメリットがありますので、**お住まいになる方が何を望んで無垢材のフローリングにしたいかが重要です**。素材選びは、住まう家族の目的を明確にすることが大事です。無垢材のフローリングを選ぶ理由が、歩く時のひんやり感がイヤだからなのか、無垢の風合いを求めているのか、とにかく自然素材ということのこだわりなのか、目的をはっきりすると答えが見えてくるでしょう。

無垢材のデメリットは、すき間ができたり、割れや突き上げなどが起きる可能性があることです。隙間にゴミやほこりなどが入るのはイヤという人には不向きかもしれません。

一般的に堅い床材は、冷たさという点においては合板の一般的なフローリングと比べると大きくは変わりません。冬の足元の冷たさを考えれば、スギやパイン材など傷はつきやすいですがやわらかい木を選べば、木の温かさというものを感じるかもしれません。同じ無垢材でも床の樹種によってメリットとデメリットがありますので、注意してください。

Q 33

住宅会社から、内装に漆喰を勧められています。本当に良いのでしょうか?

自然素材の家を希望しています。住宅会社から壁は漆喰《しっくい》が良いと勧められています。珪藻土《けいそうど》なども検討していますが、どのように考えていけば良いでしょうか。

A

自然素材の家を望む目的を明確にして素材を選んでください。

【詳しい解説】

自然素材で家づくりを考える時にもっとも大事なことは、何が一番の目的で自然素材の家を造りたいのかを明確にすることです。自然素材の家は一般の住宅よりも価格が高くなりがちです。目的に合わず、価格の高い家を建てると完成した時に後悔だけが残ります。

プロのアドバイス

自然素材の家を造っている住宅会社に行くと、漆喰の内壁に無垢の床材、外壁も漆喰という提案をされることがよくあります。

このような家を建てる場合には、住宅会社の仕様に合わせて家を建てるのか、住む人の目的に合わせた家を建てるのかによって出来上がった時の満足度が変わってきます。

建物内部の**調湿効果を望むのであれば、一般的には漆喰よりも珪藻土のほうが効果は高いのです**。ただし、珪藻土ひとつを取り上げても、珪藻土量や自然素材をうたいながら合成樹脂で造られ、珪藻土はわずかしか含まれていないのに調湿効果が高いと言っているような珪藻土も出まわっています。

本当に健康を考えて自然素材の家を選ばれるのであれば、できる限り自然素材が１００パーセントと言えるような材料を使いたいのではないでしょうか。

世の中には、「自然素材の家」とうたいながら、詳しく調べていくと、自然素材とはほど遠い家を堂々と自然素材の家と言って売っている会社もあります。

また、ほかにも、場所や下地処理方法によってはクラック（外壁や内壁にできるひび割れや亀裂）がおきやすかったり、その補修が目立ってしまったりする場合もよくある話です。自然素材は住宅会社に勧められたから選ぶのではなく、お住まいになる方にとって本当に必要かどうかを冷静に見極めてください。

自然素材の内装の塗り壁材一つとっても、その特徴がお住まいになる方の目的に合致しているかが重要です。目的が調湿効果なのか、消臭効果なのか、見た目の雰囲気だけなのか、シックハウス対策なのかなどによって、使用する塗り壁などの自然素材の種類を変えないといけないということです。住宅会社の仕様に流されてはいけません。

自然素材はメリットばかりではなく、デメリットもあります。その点をよく理解し、後悔のない自然素材の家づくりを心掛けてください。

Q 34 家相上、鬼門方向には水まわりや玄関を避けてくださいと言ったらできないと断られました。本当にできないのでしょうか？

家づくりのプラン作成中ですが、住宅会社が出してきたプランでは、家相でいう鬼門にあたるところに水まわりや玄関がありました。避けてほしいと申し出ると、「そんなことを言っていたらプランができません」と断られました。どうしたら良いでしょうか？

A

プランができないことはありませんが、制限が出てくることは事実です。

【詳しい解説】

家相や風水にこだわった家づくりをされる方はいらっしゃいます。若い人では少ないようですが、そのようなこだわりをもつ人は皆無ではありません。鬼門などを考えたら、プランはできないことはありませんが、**かなり制限が出てくることは事実です。**

一般に、北東が表鬼門、南西が裏鬼門と言われます。こういった場所に玄関、トイレ、水まわりがあるのは避けたほうが良いと言われています。そういった部分以外に、使い勝手などが満足できるかどうかも重要です。一生暮らしていく家ですから、全体の間取りと家相などのこだわりとどちらを重要視するかというバランスも大切です。

プロのアドバイス

家相や風水にはさまざまな流派があり、鑑定人によって鑑定方法や考え方に違いがあります。いずれにせよ、家相や風水にこだわるとかなり制限がきつくなり、理想の家とはほど遠いものになってしまう恐れもあります。

とくに、狭小の土地で、家相や風水の条件をすべてクリアするようなプランにすると、家相上は良い建物であっても、光も入らない暗くて風通しの悪い家になってしまう可能性もあります。設計士の立場から言えば、いくら家相上はいい家でも、このような家に住んでいれば病気になってしまいます。

私も仕事柄、家相や風水を学びましたが、鑑定方法は流派によりさまざまです。

たとえば、吹き抜けはダメと考える流派もあれば、吹き抜けは大丈夫と考える流派もあります。一般的には、風水上は吹き抜けはダメという流派のほうが多いようです。

私の経験上、多くの吹き抜けの家を建ててきました。お住まいの皆さんは幸せに暮らしていらっしゃる方ばかりです。

もしも、家相が気になるのであれば、家を建てる方がもっとも信頼している鑑定人の方に相談するのが一番です。なぜかと言えば、鑑定を依頼される人はほとんどの場合、特定の人がいて、ほかの鑑定人が違う内容を伝えたとしても聞き入れない人が多いからです。

個人的な考えで言えば、大きな家の場合は、まだ対応できる場合が多いですが、狭小住宅の場合では、すべてを鬼門からはずすことは難しいことが多く、玄関やトイレなどと一部の水まわりだけをはずすなど、妥協案がないかを相談しながら進めていくことをお勧めします。

また、**こういった鬼門への要望をまったく聞き入れてくれない設計士は避けていき、難しいことであったとしても何とか満足していただけるように頑張りますというような考えの、家を建てる人目線に立った設計士を選んでいくことをお勧めします。**

Q 35

「30年保証」や「60年保証」とありますが、本当にこんなに長い間保証してくれるのでしょうか？

住宅メーカーの広告には、よく30年保証とか60年保証がうたわれていますが、そんなに長い期間保証してくれるのですか？　本当のところはどうなのでしょう？

A

保証期間の長さで会社選びをしてはいけません。

【詳しい解説】

残念ながら、実態は皆さんが考える保証とはかけ離れた内容も多いため、安易に信用してはいけません。30年や60年の保証をしてもらうには、さまざまな条件がつくということです。

言い換えれば、**最長30年、最長60年の保証が可能というほうが適切**かもしれません。

プロのアドバイス

○年保証をうたう会社は、ほとんどが**10年か15年経ったら、メンテナンスに高額の費用を払わないといけない、というシステム**になっている場合が多いのです。

当初は少額でメンテナンスを行うようなことを言っていたり、30年間はメンテナンスフリーなどと言っていながら、**15年ぐらい経つと、高額なメンテナンスの案内**がきて、やらないと今後は保証しない、といった脅しのような話がくるのも珍しいことではありません。

15年ぐらい経つと、担当だった営業マンはやめており、「あの時、営業マンはこう言った」と訴えても会社は聞く耳を持ちません。

しかし、20年、30年、40年と時間が経てば、外壁や屋根はもちろん劣化していきます。10年〜20年の間でメンテナンスを行わなければ、次の5年や10年は保証しませんというのも冷静に考えれば当たり前のことなのかもしれません。すなわち、ここで注意が必要なのは、30年や60年保証は、計画的なメンテナンスを行ったうえで成立するということを理解することです。そのうえで会社選びをすれば問題ありません。

また、30年間の外壁保証をうたっているメーカーの内容を見ると、たとえば25年目に問題が生じたときに、すべてやり替えの保証内容ではなく、**残り5年間分の費用負担**になっていたりするのです。皆さんが思っている保証とは違うのではないでしょうか。
他にも20年目、30年目、40年目、50年目、60年目の無料点検にも会社側の理由がありま
す。それらの言葉を鵜呑みにしないようにしてください。
保証期間の長さで会社選びはしてはいけない、ということです。

Q36 大手ハウスメーカーや工務店のメンテナンスに違いはありますか？

家を建てるうえでメンテナンスは大事だと思います。大手ハウスメーカーなら、工務店に比べメンテナンスはしっかりしているような気もしますが、本当のところはどうなのでしょうか？

A

大手ハウスメーカーだからといって、必ずしもメンテナンスがしっかりしているわけではありません。

【詳しい解説】

メンテナンスは、家を建てた後で非常に重要であることは間違いありません。**大手ハウスメーカーの場合、ほとんどがメンテナンス会社に丸投げ**してしまうケースが多く、メンテナンス会社のレベルによって対応はまちまちです。

メンテナンスの場合、**ハウスメーカーの担当者が直接行くことはほとんどない**ため、マニュアル化された点検項目のチェックのみをしていきますが、住んでから気になる部分の要望を出したとしても、迅速に対応してもらえないというご相談をよく受けます。その点においては、**工務店は一般的に、メンテナンス会社には外注せずに自社で行っている会社も多く、細かいメンテナンスや、住んでからの小さな工事なども迅速に動いてくれる会社が多いです。**

しかし、工務店の中にも、メンテナンス対応が悪い会社もあります。

私が家づくりセミナーなどでご相談を受ける中では、建てるまでは良いが建ててからのメンテナンスに困っている方も多く、建てた会社ではなく、ほかの会社にメンテナンスを頼んでいる方もいらっしゃいます。信用して契約したのに、その会社に任せられないのは悲しいことです。

プロのアドバイス

大手ハウスメーカーに比べて、工務店の場合、何かメンテナンスがあれば自社の現場監督たちがすぐに訪問してくれる場合も多いですが、大手で建てた場合は、ストレスを感じている人も少なくありません。また、外注のメンテナンス会社が対応している場合が多く、定期点検なども、マニュアル通りのチェックは行いますが、住んでみてからの気づき、改善をするための小さな工事などは、この定期点検に来た人に伝えても対応してもらえないことをよくご相談として受けます。このような要望は、メンテナンス会社に言うのではなく、そのハウスメーカー自体に伝えるようにすることをお勧めいたします。

大手ハウスメーカーも工務店も、どちらかが良いとも言えないのが現実です。工務店においてもすべて迅速に対応してくれる会社ばかりとは言えません。建てた人のお宅訪問などをする機会があれば、その会社がどのようにメンテナンスをしてくれるのか聞いてみると良いでしょう。

私の今までの経験とご相談内容から言わせていただくと、小さな問題というよりは、大きな問題が生じたときの大手ハウスメーカーの対応は非常に遅い会社が多いように感じます。ある大手ハウスメーカーで起きたトラブルの事例ですが、家を建てて1年後に建物の下の基礎下部分が陥没しているにも関わらず、2年経ち、保証期間がきれましたと宣言され、10年経っても対応してもらえず不安を抱えながら生活されているご家族がいます。

大手だから信用できると思い、高額な建築費用を支払い、後悔しか残らないと言われていました。もちろん、きっちりと対応してくれる大手ハウスメーカーもあるでしょうが、大手ハウスメーカーも工務店も、問題が生じてからでないと対応がわからないというのが現実的なのかもしれません。

また、過去の相談の事例から言えば、大手に関してはエリアや営業所によってもかなり差があります。私の経験の中でも本当にひどい営業所の所長にも何度か会いました。それまでは大手ハウスメーカーの中でも紳士的なイメージがあるハウスメーカーだったので、私自身もショックでしたが、家を建てる人のことを無視した対応には怒りを覚えたのをいまでも記憶しています。

Q37 30年間メンテナンスのいらない外壁があるって本当でしょうか？

あるハウスメーカーの営業マンが、自社の外壁は特殊な外壁塗装をしているので、30年間メンテナンスがまったくいりませんと豪語しています。本当でしょうか？

A

30年間メンテナンスが必要ないというトークを信じてはいけません。

【詳しい解説】

大手を含め、このようなことを言って営業している住宅会社が多いので気をつけてください。ひとくちに建物の外壁といっても、立地条件や東西南北の日照条件により、外壁の傷み具合は違ってきます。そういう現状を踏まえると、「外壁30年保証」ということ自体が疑問です。

「**外壁塗装30年保証**」**という言い方と、**「**外壁は30年、おそらくもつでしょう**」**では、まったく意味が違う**のは、おわかりだと思います。後者の言い方をする営業マンはいません。

なぜならお客様が満足される言い方ではないからです。

プロのアドバイス

これは私のセミナーに参加されていた方で、ある大手ハウスメーカーに同様のトークをされ契約をした方からの相談ですが、不審に思ったお客様が営業所の所長に電話をかけて聞きました。すると、営業所長も、「30年間メンテナンスはいりません」と答えました。

私が、「**営業所は信用できないので、本社のメンテナンスについて明確に答えをもらえる人に聞くように**」とアドバイスしたところ、その方は本社に連絡をして、そのような技術や保証についてわかる担当者に確認をしました。

その結果、話がまったく違ったので驚きです。担当者によれば、「15年目に約300万円、30年目に約600万円程度のメンテナンス費用がかかります」と言われたのです。

その話を営業マンにしたところ、言葉を濁して、「自分は30年間メンテナンスはいらないなどと言っていない」と逃げました。契約をもらうための営業トークだったのです。

営業マンは、「工務店やほかの住宅会社では10年に一度メンテナンスが必要で、仮に300万円かかったとすると、30年間で300万円×3回=900万円かかります。弊社では、初期の費用は高いですが、30年間で考えると30年後に３００万円だけで済みますから。６００万円も費用を抑えることができます」と言ったそうです。

現在の外壁自体、非常に耐候性が上がっていますので、10年に一度外壁を塗り替えるというのは現実的ではありません。このような営業トークに騙されないように、しっかりと信頼できる会社選びをするようにしてください。

外壁のメンテナンスは、塗装が傷んでからメンテナンスの再塗装をする方が多いですが、汚れがひどくなったから再塗装という考え方もありますので、参考にしてください。

私は、この「外壁30年間メンテナンスフリー」という営業マンのトークで契約をした方をたくさん見てきました。結果的に営業所の責任者を含め、ウソをついて契約をもらうこのようなやり方は許せません。外壁30年間のメンテナンスフリーだと信じ、15年経って塗り替えが必要になったとき、初めてダマされたと気づかされるのは本当にヒドいことです。15年も経てば、ほとんど当時の営業マンはいませんから、聞いていた、言っていないでトラブルになるケースもよくある話です。ご注意ください。

Q 38 電気の配線などで気をつけることはありますか？

電気のコンセントやスイッチの位置を決めているのですが、素人なので後で後悔してしまいそうで心配です。失敗しないように気をつける点はありますか？

A

一般的には、住宅会社が電気図を作成し、その電気図をもとに設計士と打ち合わせを重ねて進めますが、分譲住宅会社などは変更できない場合もあります。

【詳しい解説】

電気工事のスイッチやコンセントの位置は、住宅会社が一般的に電気図を作成し、その電気図をもとに設計士と打ち合わせを重ねて決めていくことが多いのですが、一部の住宅会社などではこういった電気図も作成されず、部屋に対してのコンセントや照明の数だけ決めて後は住宅会社にお任せといったところもあります。

大手ハウスメーカーや注文住宅を専門に行う工務店では、電気図を作成せずに工事を進めることはないでしょうが、分譲住宅会社の中にはこういった打ち合わせはせず数だけ決まっており、分譲住宅会社が決めた内容で基本的には変更できない場合もありますのでご注意ください。

分譲マンションなども、電気のコンセントや照明器具の位置などを自分たちの要望で変えることはできない場合も多いですね。

プロのアドバイス

電気コンセントの位置やスイッチの位置、照明器具の設置位置はお住まいになる方にとっては非常に重要な問題です。

よくある例では、「家具を置く場所の後ろにコンセントがあり、差し込みが隠れてしまって使えない」というケースや、「コンセントの数が少なくて、もう少し多く取ればよかった」というケース、「キッチンまわりに大きな容量の家電製品を使ってもブレーカーが落ちないように専用の回路のコンセントを家電置き場に配線してもらえばよかった」など、住んでから気づくことはいろいろあると思います。

こういった後悔のないように、**家電製品はどんなものを置くかという点とどれぐらいの**

ワット数の家電を何台置くかなども、最初に検討しておいたほうがいいでしょう。

また、家の間取り図や電気図などには家具なども書き込み、家具の後ろにコンセントが隠れてしまうことのないように計画的に配置を考えます。ただし、こういった家具を置く場合も、家具に何か電気製品を置く場合は、その家具に合わせてコンセントの差し込みや配線が隠れるようにコンセントの位置を計画する場合もあります。

また、インターネットの引き込み位置やインターネットに使う機械などを隠したい場合には、収納内にコンセントが必要ですし、コードレスの掃除機なども収納内に入れる場合は、そこにもコンセントが必要になります。さらに、住む人の身長によってもコンセントの高さを変える場合もあります。最近では、リビングで子どもが勉強したりして、自分の部屋に戻るのは寝るときだけというように、リビングに家族が集まるように子ども部屋を快適な空間にしすぎない傾向もあり、テレビ配線をなくしたりするご家庭もあります。

ＹｏｕＴｕｂｅの普及により、テレビを見ない子どもも増えていますので、各部屋にテレビの配線がいらないのかもしれませんが、こういった部分はそれぞれの家族によって違いがありますので、しっかりと相談してみてください。

PART 6

基礎、構造など耐震や仕様について心配な方のためのＱ＆Ａ

Q39 基礎はべた基礎よりも布基礎が良いのでしょうか。

あるハウスメーカーの見学で、基礎は「べた基礎」と「布基礎」があり、布基礎のほうが費用は高く、しっかりしていると勧められました。どちらがいいのか教えてください。

A

価格の安さを考えれば布基礎ですが、安定した基礎を求めるならばべた基礎です。

【詳しい解説】

今から40～50年前であれば、布基礎が主流でしたが、現在は安定したべた基礎が主流です。大手ハウスメーカーが現在も布基礎を採用していることには疑問を感じています。

別に布基礎だからといって欠陥であるというわけではありません。布基礎でも耐震等級3の家を建てることも可能です。

私が以前、住宅展示場を訪問したときに、大手ハウスメーカーの営業マンが驚くべき説明をしていたので呆れました。

その営業マンに「布基礎とべた基礎のどちらがいいですか」と質問したところ、でたらめな回答が返ってきました。「布基礎のほうがべた基礎よりも費用がかかります」という嘘。さらに「べた基礎は布基礎に比べて重いので地盤に負担をかけるから良くないです」という嘘。彼が言うには、布基礎は費用がかかっていて軽いので良いということです。

布基礎に比べて、べた基礎のほうがコンクリートの量も多く、コンクリートの中の鉄筋の量も多いため、その分費用もかかります。また基礎をつくるときには、まず地盤調査を行い、軟弱な地盤であれば地盤補強し、安定した地盤の上に基礎をつくるので、ベタ基礎でもまったく問題ありません。

私を含め、**設計者と言われる人が自邸を建てたとすると、布基礎であえて建てる人はいないのではないかと思います**。もちろん私のまわりのプロといえる人はすべてべた基礎で家を建てています。それが答えではないでしょうか。

正直、布基礎の家に住んでいる、建築のプロの人の話は聞いたことがありません。

プロのアドバイス

耐震ということを考えた場合、**べた基礎のほうが布基礎よりベターであると言えます**。ただ、布基礎でも耐震等級3の家を建てることは可能ですので、必ずしもダメというわけではありません。一般的に考えて、布基礎でも耐震等級3（耐震の等級としては最高の等級）が取れると不思議に思う方もいる思います。

たとえば30年前に建てられた家よりは、現在の建物のほうが耐震基準は上がっています。では、30年後の家はどうなっているでしょうか。おそらく、現在よりも20年後、30年後の耐震基準は間違いなくさらに上がっていると思います。

昔の家は、30年も経てば建て替えることもありましたが、現在は非常に耐久性も上がっており、50年でも建て替える家は少ないでしょう。このように家の長寿命化が進むうえで、地震大国といわれるわが国で安心して暮らしていくためには、30年後、50年後を見据えた家づくりが必要であると考えます。

耐震等級については、大局的に基礎から上の耐力壁の数やバランスで決められる傾向にありますが、やはり大事なのは基礎です。基礎は将来的に強化しづらいところです。だからこそ、次世代を見据えた基礎づくりを考えていくべきだと私は思っています。

40年前に建てられた家は現在、建て替えられていっていますが、今の住まいを40年後に建て替えるかというと、現在の建物は耐久性があるので建て替える必要はないでしょう。

耐震補強などの依頼で調査に入ると、今から40年以上前に建てられた家の基礎は粗悪なものが本当に多いことに気づかされます。当時の家の耐震補強をするときには、ハンマーで基礎をたたきます。当時の品質ではコンクリートに混ぜる砂が多く、ハンマーでたたくと、簡単に砕けてしまうような基礎も多いのです。それに比べて、現在の基礎はたたいてもびくともしません。

しかし、だからといって安心はできません。いつ何時、大きな地震に見舞われるかわかりません。将来耐震基準が上がったとしても、基礎から上の耐震補強は対応しやすいですが、基礎はなかなか補強もしづらい場所ですから、少し過剰と言われるかもしれませんが、**現在の基準を満たしておけば良いという考え方ではなく、その次世代に対応した基礎を造っておくべき**ではないかと思います。

Q 40 木造の柱は集成材のほうがヒノキ材より優れているのでしょうか?

木造住宅の柱は、集成材のほうがヒノキ材よりも優れていると言われました。本当でしょうか?

A

それぞれのメリットとデメリットを考えて選ぶことをお勧めいたします。

【詳しい解説】

木造住宅によく使われる柱の材料には、スギ、ヒノキ、集成材などがあります。集成材とは、製材された板あるいは小角材《こかく》などを乾燥し、節や割れなどの欠点を取り除き、繊維方向をそろえて接着して作る木材で、天然材に比べ、強度や安定性、耐久性に優れ、木の特性でもある反りやくるいも出にくいという特徴があります。

ひとことでいえば「木材の良い部分を集めて成型する木材」ということです。ただし、いずれの材料にもメリットとデメリットがあります。

プロのアドバイス

集成材、スギ、ヒノキを比較するとこうなります。

・価格〈(高い)ヒノキ→スギ→集成材(安い)〉

ヒノキが最も高く、集成材は最も安価で取り扱いやすいものです。

・木の反りやひねりの起きにくさ〈集成材→ヒノキ→スギ〉

一般的には、集成材がもっとも安定していると言われますが一部のヒノキなどでは集成材と同等の物もあります。

・強度〈(高い)集成材→ヒノキ→スギ(低い)〉

いずれも一般的には一本一本の強度検査は行われていません。集成材はJAS(ジャス・日本農林規格)の認定に伴い規定の仕様で作れば一定の強度が出ているものとして構造計算に用いられます。

ヒノキやスギに関しては、一本一本の強度が異なるため、建築基準法で定められた数値を構造計算で用いていています。

比較的実際よりも低めの数値が設定されています。集成材の強度よりも高いヒノキも一部ではあります。

・シロアリ被害などの耐久性　〈(高い)ヒノキ→スギ→集成材(低い)〉

長寿命の木造住宅を造るうえで重要なシロアリ被害においては、ヒノキがもっとも耐久性は高いと言われています。

・JAS(日本農林規格)が取得されているか

一般的に集成材はJASが取得されています。一方、スギ、ヒノキはJASが取得されていないものがほとんどです。

・総合的な判断

一般的には、集成材が価格も安く、JASにも認定されているうえ、反りやひねりなどが少なく安定性もあるため多く使われています。建物価格を抑えたい方には適しています。それに対して、一般的にヒノキは価格が高く、JASに認定されていないものがほとんどで、反りやひねりなども集成材に比べると起きやすいと言われています。そして、強度も天然であるがために、一本一本バラツキがあります。しかし、木造住宅でもっとも重要なシロアリに対しては、圧倒的強さをもっており、100年経った家の柱をカットしてみると、腐りもなく100年前の状態のままなので、実際に見るとヒノキの耐久性には驚かされます。

私は**長寿命の家を考えればシロアリにもっとも強いヒノキを使用することをお勧めします**。さらに、JAS認定を受け、反りやくるいが集成材と同等以上に起きにくく、強度も一本一本の検査を行い、バラツキをなくしたヒノキも世の中には存在します。

また、価格はもちろん上がりますが、木造住宅の大きな問題であるシロアリ対策として、集成材のように防蟻材を使った防蟻処理が絶対に必要な家ではなく、ヒノキのように、そのものがシロアリにも強い素材を使った家が、本当の意味で耐久性の高い家と言えるのではないでしょうか。ただしコストだけを考えれば、集成材の家がお勧めです。

Q 41 ツーバイフォーはほかの工法より優れているのでしょうか？

ツーバイフォーの住宅を得意としている会社の営業マンが、ツーバイフォーはほかの工法に比べて地震に強く、気密性も高いと言って営業してきます。メリット以外にデメリットはないのですか。本当のところを教えてください。

A

ツーバイフォーのデメリットを知ることも重要です。

【詳しい解説】

確かに営業マンがメリットとして挙げている「耐震性が高く、気密性が高い」というのは嘘ではありません。ただし、現在の木造住宅でもっとも多い「木造軸組工法」も、耐震性、気密性とともにツーバイフォー以上に造ることはできます。

ですから、ツーバイフォーが耐震性、気密性が特別高いということではありません。ツーバイフォーのデメリット部分を知ることで、今後の家づくりの参考になると思います。ツーバイフォーで家を建てることは悪いわけではありませんが、日本のように高温多湿の環境の中で、メンテナンスや将来の家族構成の変化に伴うリフォームのしやすさについても考えていくべきだと思います。**ツーバイフォーのデメリットもご理解されたうえで、構造選びのご判断をされることをお勧めいたします。**

プロのアドバイス

ツーバイフォーのデメリットとして大きいのは、間取りの自由度がほかの工法に比べて低いことです。大開口が取りづらい工法のために、デザインや採光などで大きな開口を取りたいとのご希望のある方には不向きの工法と言えます。

建物が長寿命化していく中で、家族構成の変化に伴い、将来的に間取りの変更も考えられる場合、**ツーバイフォーはもっとも対応しにくい工法とも言えます。**

家が長寿命化していくが故に、将来の家族構成の変化に対応しやすい構造選びも重要なポイントです。

一般的には「木造（木造軸組工法）」や「鉄骨造」などでは、間取りの変更に比較的柔軟に対応してくれますが、この点は将来の家族構成がどのよう変わるかを考慮すべきです。

ツーバイフォーは鉄骨造や鉄筋コンクリート造、木造（在来軸組工法）などと比較すると、価格は安く、コストの面だけ考えればいいかもしれませんが、この工法は元々、アメリカなどの雨が少なく、湿気の少ない地域に適した工法ですので、日本のような高温多湿の地域には不向きという意見もあります。一般の木造のような柱はなく、パネルで骨組を造っているツーバイフォーがどこまで耐久性があるかは疑問です。そして、国内では、「ＳＰＦ」という材料でほとんど造られており、確かに価格面では抑えられますが、日本の高温多湿の地で結露やシロアリの被害などを考えると不安です。

また、ツーバイフォーで家を建てる場合に留意したいのは、建物の上棟時には雨を避けることです。この工法は、木造に比べて、屋根を作り雨が入らないようになるまでに時間がかかります。

現在、ツーバイフォーの会社と契約するか検討されているなら、ぜひ工事の現場を視察に行ってください。とくに夕方、工事の終わった後の現場を確認してみてください。壁や床を作った後、雨に対してシートなどを使って養生を行っているかという点です。現場管理に細心の注意を払っているか、確認すると良いでしょう。

木造と違ってツーバイフォーの場合、合板などで耐力を確保する工法ですので、雨に対する配慮は絶対に必要なのです。仮に降水確率が20パーセントであっても、雨が降る確率は20パーセントあります。降水確率が20パーセントしかないので安心と思うか、20パーセントもあり心配だから、もし雨が降ったときのために雨に対する養生をするかという意識の違いです。それに備えた施工管理ができているかどうか、現場を見れば一目瞭然です。

ツーバイフォーを採用している大手住宅会社でも、建物にシートをかけて養生しているような会社は驚くほど少ないようです。雨に濡れて知らぬ間に建物の強度低下や耐久性を損なう状態になれば、耐震性が高いなどということも言えなくなってしまいます。家を建てる人にとっては、養生無しで雨ざらしになるというのは、不安でしかないでしょう。また、家を建てる人の気持ちを配慮して、しっかり養生しているような会社は、信用できるでしょう。どのレベルの会社であるか、自分の目で確かめるために事前に現場を見るのは大事なことです。もちろん風の強い日やさまざまな状況の中でシート養生ができない場合はあります。

もう一度言います。上棟時の夕方、職人さんの作業が終わった後に現場を見に行ってください。信用できる会社か、信用できない会社かの判断材料となります。ツーバイフォーは木造軸組工法に比べても雨は大敵です。

Q 42 鉄骨造の家を希望しています。木造とどちらが強いですか？

鉄骨造の家を希望しているのですが、木造と比べていい点はありますか。

A

どちらが強いとは一概に言えません。

【詳しい解説】

現在では木造の強度が見直され、安心できるようになりましたので、**どちらが強いかは一概には言えません。**ただ、私の住む大阪などの狭小地で狭小の間口の場合には、木造では構造的に厳しい場合があり、こういったときには鉄骨造となります。

プロのアドバイス

３階建ての家づくりを考える場合に、鉄骨造と木造でどちらがいいか迷う方がいます。どちらでも構造計算を行いますので問題はありません。鉄骨造においても重量鉄骨と軽量鉄骨がありますが、耐久性や間取りの自由度を考えれば、重量鉄骨がお勧めです。

また、木造で耐震等級３を確保できない場合や耐震３の建物であったとしても、さらに安全性を考えるならば、制震ダンパーを併用することで安心できる家を造ることができます。たとえば、リビングなどで壁や柱などを出さずに大空間を作りたいときには、鉄骨造でないと難しい場合があります。ただ、木造においても、壁や柱を最小限に抑え、広いリビングを作ることも可能ですから、担当の設計士さんに相談してみてください。

木造も鉄骨造もどちらも
構造計算をしていれば安心
（令和４年現在、木造２階建築等は構造計算必要なし）

Q 43 ハウスメーカーの鉄骨造と工務店の鉄骨造の違いを教えてください。

鉄骨造の家を考えていますが、ハウスメーカーの鉄骨造と工務店の鉄骨造では違いがあると聞いたことがあります。本当はどうなのでしょうか。

A

鉄骨造といっても違いがあります。

【詳しい解説】

鉄骨造を大きく分けると「重量鉄骨造」と「軽量鉄骨造」があります。

一般的には鋼材の厚みが6ミリメートル以上のものを「重量鉄骨造」と言い、6ミリメートル未満のものを「軽量鉄骨造」と言います。普通、3階建てのマンションや高層ビルは「重量鉄骨造」で、2階建てのアパートや戸建住宅などは「軽量鉄骨造」が使われることが多いです。鉄骨造でもハウスメーカーと工務店では異なります。

工務店では3階建ての住宅の場合、「重量鉄骨造」の住宅を造ることが多いですが、

200m／m（ミリメートル）角前後の柱を使用するので、建物の四隅に柱が出たような仕上げになるため、物を置くときに工夫が必要になります。その点、ハウスメーカーは「軽量鉄骨造」の80m／m前後の柱を使用することが多く、壁の中に柱が収まり、すっきりとした内装にすることができます。

プロのアドバイス

構造部分の基礎について、ハウスメーカーと工務店では違いがあります。また、鉄骨造といえば一般的に木造に比べ、リビングも大空間が作れるイメージをもたれている人も多いと思いますが木造と同じように耐震上必要な壁がリビングに出てくる場合もあり、とくに軽量鉄骨の場合には希望するような広いリビングなどが作れないケースもよくありますので注意が必要です。ハウスメーカーや工務店を問わず、担当者に確認してみてください。

一般的には、工務店の鉄骨造と言えば重量鉄骨が多く、ビルやマンションと同じような基礎や骨組みになることが多いです。ハウスメーカーの鉄骨造は各会社で独自の工法を開発している場合が多く、住宅向けに基礎や骨組みも考えられており、コストが抑えられている傾向にあります。

Q 44

ハウスメーカーの鉄骨造の基礎はビルやマンションのように深く掘らないのでしょうか？

ハウスメーカーで鉄骨造を進めていますが、価格は非常に高いにもかかわらず、一般のビルの基礎工事のように地面を深く掘ることもなく、木造住宅の基礎と変わらないものでした。これで大丈夫でしょうか？　工務店も同様でしょうか。

A

問題はありません。欠陥や手抜きでもありません。

【詳しい解説】

ハウスメーカーも構造計算を行っているので問題はありません。もちろん欠陥や手抜きではありません。一般にハウスメーカーの基礎は、**コストを圧縮することもあり、地中深く掘って基礎を据える会社はほとんどありません。**しかし、これは構造的に問題があるわけではありません。

一般の工務店が建てる重量鉄骨造の場合には、大手のハウスメーカーのように、開発費をかけて独自の工法を行うことはしませんので、ビルやマンションのような重量鉄骨造と同じように造っている会社が多く、ハウスメーカーより原価はかかります。

しかし、元々工務店とハウスメーカーの利益率が違うので、家を建てる人の見積りは、工務店では原価がかかっていたとしても費用のトータルでは、ハウスメーカーのほうが工務店よりも高くなることが多いのです。

プロのアドバイス

「ハウスメーカーがコストが高いのは、基礎や構造に費用をかけているから仕方がない」という考えは成り立ちません。ハウスメーカーは家を建てる以外で莫大な経費を使っているので、その分がどうしてもコストに上乗せされてしまうのです。

ただし、ハウスメーカーも構造計算はしっかりされているので、ご指摘の基礎の仕様に関しては問題ありません。また、ハウスメーカーの基礎は軽い場合が多く、地盤に対しての負担が少ないため、地盤改良などにかかる費用は抑えることができます。

工務店の場合は鉄骨造といえば一般のビルやマンションと同じような基礎や骨組の場合

が多く、ハウスメーカーに比べかなりコストがかかっている傾向にあります。

以前、あるハウスメーカーと工務店の**基礎のコスト比較をしたときには、工務店の重量鉄骨造の基礎のほうが4倍近く高く**ついていましたが、それでもメリットもあるのです。

また、鉄骨造において、長期優良住宅の認定住宅を造るときには、その基準が比較的ハウスメーカーの仕様に合わせた内容になっており、一般工務店の造る鉄骨造の場合には対応が難しい場合も多くあります。今回の基礎においては、コストも違うように一般工務店が造るマンションやビルなどのような基礎と比べるとハウスメーカーの基礎は安っぽく見えてしまうのかもしれません。

Q45

耐震1、耐震2、耐震3の強度を表す表記がありますが信用できますか?

地震に強い建物を考えるときに、耐震1、耐震2、耐震3という表記は単純に信用しても大丈夫でしょうか?

A

もちろん家づくりの際には重要なポイントになります。

【詳しい解説】

近年は戸建住宅においてもっとも耐震上安心である耐震3の家が多くなりましたが、一般には住宅以外において耐震3の建物は、災害時の救護活動などの拠点となる警察署や消防署などの公的な建物ぐらいなのです。

一般の**マンションの80〜90パーセントは耐震1の基準で造られている**と言われています。この現状を知ると皆さん驚かれますが、最近の分譲マンションの場合、耐震という考え方に加え、「制震」「免震」といわれる工法がとりいれられ、より安全性の高い建物になってきています。

耐震1が耐震上確保しないといけない基準であり、**耐震1の1・25倍の強度が耐震2、耐震1の1・5倍の強度が耐震3となりますので、耐震1よりは耐震3のほうが安心な建物であると**一般的には言えます。

プロのアドバイス

一般の戸建住宅の耐震3とビルやマンションの耐震1は単純に比較できないかもしれません。戸建住宅の場合には、現場で大工さんたちが施工を行う部分が多いため、本当に計算どおりの家になっているかチェックも重要です。紙の上では耐震3でも、現場での施工管理が悪いと耐震3を満たしていない場合もあります。ですから耐震1、2、3はあくまでも目安になりますが、その会社の施工管理体制が重要ですので、具体的に管理体制を聞いてみるといいのです。

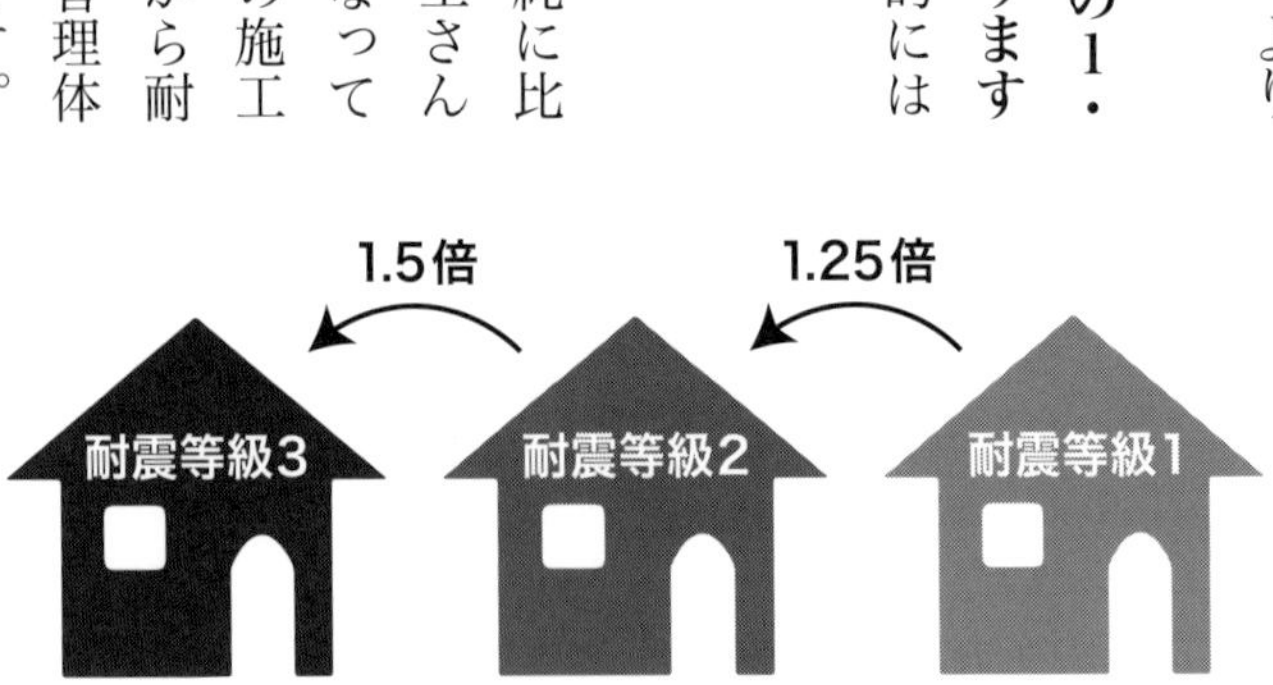

Q46

築70年の家をリフォームすれば新築同様になると言われました。本当でしょうか？

築70年近くになる家を、耐震補強も含めたリフォームをしようと考えています。新築と同じ強度になり、見た目も新築と同じようになると営業マンに言われました。大手のリフォーム会社ですが少々心配です。何に気をつければいいか教えてください。

A

リフォーム会社の営業マンの言葉を鵜呑《うの》みにしてはいけません。

【詳しい解説】

築70年の建物を耐震補強するには、耐震上、現在の耐震基準と比較したときにどうかということを設計士に耐震診断してもらうことをお勧めします。その結果を踏まえて、どのような補強をしていくか検討していきます。

一般的に多いのは、耐力壁という耐震上重要な壁を各所に設置します。そして構造の検討をし、現在の耐震の基準値を満たしているという点を確認したうえで工事に入ります。

耐震等級1というのが、建築基準法で定められた最低限確保しなければならない基準です。築70年の建物であれば、現在の耐震基準1と比較して、0・5以下の建物が大半です。

地震時には倒壊する危険性があります。

✔プロのアドバイス

通常、耐力壁を各所に設置して、耐震1という数値を確保するようにします。しかし、実際には築70年となると基礎がなかったりして、基礎を部分的に新設したりする必要があります。また、**基礎はあっても昔の基準と現在の基準では大幅に違います。**

現在ならば、基礎のコンクリートの中に鉄筋が入っていますが、昔は無筋のコンクリートに鉄筋の入っていない基礎や基礎自体がない場合もあります。また、コンクリート自体の強度の問題もあります。仮に数字の上で耐震1が確保できたとしても、現在の新築の耐震1と同等になるかという点にも疑問があり、営業マンの言葉をそのまま鵜呑みにはできません。

リフォームする人の大半は、リフォーム会社に行きますが、設計料を払って設計事務所に行く人はほとんどいません。すなわち設計事務所にいる一級建築士であっても大規模な耐震補強の経験をしている建築士は、とても少ないのです。70年も経っている建物の場合、予想もできない状況もいろいろとあります。このようなことに対応するには、資格だけではなく経験が重要なポイントとなります。**担当の設計士に過去の経験や実績を聞くなど納得できるまでよく話し合うことが大切です。**

本当の耐震補強を考えるならば、基礎の補強まで含めて考えないといけません。しかし、ほとんどのリフォームの場合、基礎から上の部分の補強のみで、「これで安全です」と言っています。基礎の補強を行えば、当然コストが上がります。耐震補強のリフォームでいいのか、新築にするのか、しっかり検討することが必要です。

リフォーム後、後悔してしまう可能性がありますので、予算と内容、ご家族の将来のことを考えてよく相談してみてください。

PART 7

断熱性や気密性など家の性能について心配な方のためのQ＆A

Q 47

高断熱・高気密住宅が希望ですが木造と鉄骨造ではどちらが良いでしょうか？

新築の住宅を考えています。高断熱・高気密の家がいいと聞いています。その場合、木造と鉄骨造ではどちらがいいのでしょうか。教えてください。

A

高断熱高気密にこだわるならば、木造をお勧めします。

【詳しい解説】

多くの住宅会社が高断熱・高気密をうたっています。高断熱・高気密にこだわるならば、一般的には木造がお勧めです。鉄骨造と木造を比較した場合、熱の伝導率は鉄と木を比べると、鉄が約50W／m.kで、木（ヒノキ）が約0・12W／m.kであり、値の低いほうが熱を伝えにくいのですが、約400倍以上の違いがあります。住宅の場合、断熱性を考えるときに熱橋という問題があります。柱や梁の部分が熱橋となり、**鉄骨造の場合には、木造**

に比べると熱の伝導率を見てもわかるようにかなり不利な建物と言えます。

プロのアドバイス

ハウスメーカーなどでも木質系の建物の会社は、気密性を表す数値（C値）や断熱性を表す数値（UA値）をホームページやカタログに表示しているところが多いのに対して、鉄骨系の建物を扱う会社は、UA値は表示していますが、C値はほとんど表に出しておらず、あいまいな表現をしている会社が多いです。一度、住宅会社の営業マンに「御社のC値はいくらか」と聞いてみるのもいいかもしれません。ただし、契約をとるために適当な数値を挙げる営業マンもいますから、会社に連絡して正式な回答を求めるのが賢明です。この場合、支店などではなく、本社からの正式な回答をもらうことをお勧めします。

結論から言えば、UA値やC値にこだわる人で暖かい家を求めるなら鉄骨系の住宅はお勧めしません。

高断熱・高気密の住宅では、各社が独自の考えで工夫をこらしています。UA値は窓の大きさや数、断熱材の素材や厚み、建物の形状などで決まりますが、C値も重要なポイントであり、高断熱、低気密住宅にならないように注意しなければなりません。

Q 48

高断熱・高気密の家を造りたいのですが会社選びの注意点を教えてください。

現在、高断熱・高気密の住宅を考えています。業者を選ぶ際の注意点がありましたら、教えていただけますか。

A

職人任せにしないで、検査体制がしっかりしている会社を選びましょう。

【詳しい解説】

高断熱・高気密の家づくりをお考えの方は、どんな断熱材でどんな工法でするのかという点にこだわり、断熱性を示す数値について詳しく聞いてきます。

実は、ここに落とし穴があり、このようなこだわりは危険でさえあります。

たとえば、断熱性を示すＵＡ値があります。グラスウールの断熱材を使い、１００ミリの厚みのものを壁の中に入れ、それでＵＡ値が０・５になったとします。これは、きちっと施工されて初めて実現する数値で、それまでは机上の数値に過ぎません。数値にこだわるマニアックな方もいますが、現場の視点から言えば、机上の数値を実現するのが現場管理なのです。住宅会社選びのときに「弊社ではUA値が○○です」という営業マンの言うことだけを信じるのではなく、現場の管理体制や検査体制をしっかり聞いてみることです。

プロのアドバイス

もっとも重要なことは、予定した建物の性能を確保できるだけの施工技術があるか否かです。これは断熱性に限った話ではありませんが、実際に施工を行う職人さん（大工さんなど）の意識レベルが高いか低いかで、住宅の出来は大きく違ってきます。**どれほど性能の高い断熱材を使い、どれほど性能の高い数値の家を建てるとしても、施工が悪ければ、求めている性能の家を実現することはできません。**

とくにグラスウールなどは断熱材としてはもっともポピュラーなものですが、それですら職人さん任せにしてはなりません。**現場管理者（現場監督）＋設計者＋第三者の検査機関によって何度も検査**することによって、より性能の高い家が実現します。

住宅会社に検査体制はどうなっているのか、聞いてみるといいでしょう。社内検査を行った後に、第三者の検査機関で断熱検査などを取り入れている会社もあります。必ず確認してください。

直接の現場管理を行っていない大手ハウスメーカーや、下請けに丸投げしている住宅会社の場合は要注意です。**どのような管理と検査体制をとっているか、しっかり確認してください。**

営業マンが言う「**大丈夫です。弊社はしっかりと管理しています**」**というような曖昧な言葉を信用しないでください。**どのような検査員がどのような検査をしているのか、具体的に聞き出してください。営業マンから適当な答えしかかえってこなければ会社から正式な答えをもらうようにしてください。

これは私が相談を受けた多くの事例の中で、営業マンやその営業マンが所属する支店も含め、ウソを言っている例が何度もあったからです。

大手だからウソは言わないだろうという思いはきっぱりと捨ててください。

こだわる部分は営業マンではなく、設計士や本社などの技術者からしっかりとした回答をもらってください。

Q 49 高断熱・高気密の住宅は本当にポカポカ暖かいですか？

高断熱・高気密住宅を扱っている会社が、家中ポカポカと暖かく、洗面所のヒートショック防止にもなると説明されました。本当にマンションのように暖かいのですか？

A

営業マンはかなり昔の家と比較して話している可能性があります。「マンションのように暖かい」を鵜呑みにしてはいけません。

【詳しい解説】

高断熱・高気密住宅といっても、明確な定義があるわけではありません。たとえば、真冬に無暖房の状態でもポカポカと暖かい、という言葉を信じて家を建てるとトラブルになる可能性があります。確かに外部の冷気を家の中に伝えにくいという点では間違いありませんが、感じ方も人によって違いますし、無暖房の状態でポカポカ暖かいということではありません。最近、浴室を温めておくとお湯が冷めにくい浴槽がありますが、そんなイメージで、一度部屋を暖めると、その暖かさを長く保つには高断熱、高気密の家がお勧めです。

2階建ての建物の場合で1階にリビングがあり、暖房をとれば暖かい空気が上へいく性質を考えれば、リビングのエアコンだけで家全体を暖かくすることはできます。しかし、**3階建てで2階にリビングがあり、1階に洗面所があるような場合、どんな断熱性、気密性が高い建物であっても、1階は真冬の寒さを感じます。**ポカポカ暖かいということはありません。

ただ**昔の家と比べ、暖かさを大げさにアピールしている営業マンは見かけます。**

プロのアドバイス

営業マンは、昔の家の凍えるような寒さに比べればポカポカと暖かいと言っている場合が多いので、**いつの時代と比べているかを確認してください。**

ヒートショックを考えるなら、私見になりますが、洗面所は洗面暖房を使うなど機器に頼ることも必要だと思います。お風呂に入る前に洗面暖房をかけ、出てきたときに部屋が暖まっている状態をお勧めします。

どうしても暖房機に頼りたくないという人は別として、本当に暖かさを求めるなら、機械的に短時間で暖かく快適な空間を創ることも住んでいくうえでの工夫だと思います。

鉄筋コンクリートのマンションなどに比べれば、木造や鉄骨造の建物の気密性は劣りますので、こういったマンションの暖かさをイメージしていると、思っていた暖かさと違ったという例も少なくありません。

住宅会社の営業マンはオーバートークが得意ですので、惑わされないようにしましょう。

もちろんマンションが建てられた年代や仕様によっても変わりますが、高断熱性能のマンションとの比較では暖かさは及ばないかもしれません。また、全館空調などを取り入れればどんな方でも家全体が暖かいと感じる家が造れるかもしれません。

以前、高断熱・高気密住宅を売りにしていながら、全部屋床暖房の標準装備という会社がありました。営業マンが言う、家の中はどこにいてもポカポカ暖かいというのが本当ならば、全館床暖房という仕様はおかしな話であり理解できません。逆に言えば、家全体を暖かくするには全部の部屋にエアコンや床暖房が必要ですと言っているようなものです。

また、寝室に床暖房を入れるときには、家具の設置場所に床暖房を入れると家具も傷めてしまう可能性があり、事前にしっかり計画する必要がありますので注意が必要です。

Q 50
グラスウールの断熱材は内部結露を起こして建物に影響をあたえますか？

断熱材でよく使われるグラスウールは、内部結露を起こして、建物の構造にも影響すると住宅会社の営業マンが言っていました。本当でしょうか？

A

「グラスウールは内部結露を生む」などと言っている営業マンの言葉を信用してはいけません。

【詳しい解説】

この種の質問は私のセミナーでも多く聞かれます。

結論から言えば、グラスウール＝内部結露などと言っている営業マンの言葉を信用してはなりません。**ほかの断熱材を売り込むためにグラスウールの悪口を言っているだけです。**

昔の家のほどんどは、断熱材としてグラスウールが使われていました。そして大手ハウスメーカーも含め、断熱材の施工が現在のようにしっかりと施工されていない家が多く壁の中に結露が起こり、カビがはえてしまった家の相談を数多く受けてきたのが現実です。**30〜40年前の家の屋内での結露のカビ写真を持ち出して、**「**私どもはこのようにならない〇〇の断熱材を使用しています**」と吹付ウレタンやほかの断熱材をアピールしている営業マンも見受けられます。

プロのアドバイス

現在、我が国の住宅の50パーセント程度が断熱材にグラスウールを採用しています。大手ハウスメーカーでもグラスウールを使っている会社は非常に多いです。

もしもグラスウールが内部結露をする欠陥商品であるならば、大手ハウスメーカーを含め、なぜ多くの会社が採用しているのでしょうか。コストが抑えられ、断熱の性能確保ができ、施工性も良いということで多くの会社が採用しているのです。

しかし、グラスウールは施工を間違うと内部結露して家の構造まで傷めてしまうという事態にも発展しかねません。**大工さん任せではダメです。現場監督や設計者、第三者機関などによって検査する体制がない会社は問題です。**

必ず検査体制がどうなっているか確認してください。

こういった現場施工の管理をしっかり行えば、壁の中で内部結露を起こし建物に影響を与えることはありません。また、言い方を換えれば、どの断熱材も悪くないということになります。それぞれにメリット、デメリットが必ず存在するということです。

Q 51

ハウスメーカーは断熱性がよく、工務店は断熱性が悪いと聞きました。本当でしょうか？

大手ハウスメーカーの営業マンから、「ハウスメーカーは断熱性が良く、工務店は断熱性が悪い」と聞きました。本当のところを教えてください。

A

そのようなことはありません。

【詳しい解説】

ハウスメーカーは断熱性が良く、工務店は断熱性が悪いということはありません。実際にハウスメーカー以上に断熱性の高い建物を手掛けている工務店は全国にたくさんありますし、一部の断熱性にこだわった会社を除き、ほとんどのハウスメーカーは一般的なレベルの断熱性で、特別性能が高いということはありません。また「Q47」でも説明したように鉄骨系の建物の場合は、木質系の建物に対して断熱性や気密性は劣る傾向にあります。

マニアックな高断熱、高気密住宅を求めるなら、断熱材の仕様が決まっていて変更しづらい大手ではなく、こういった性能の高い家づくりをしている工務店などで建てるほうが満足できるでしょう。断熱材の厚みや素材、間取りなども重要になってくるので自由度の高い会社での家づくりがお勧めです。

プロのアドバイス

同じ断熱材を同じ厚みで使ったとしても、大手ハウスメーカーは建物によってバラつきが出ないようにマニュアル化しています。なぜなら大手ハウスメーカーの場合には、施工棟数も何千棟、何万棟と数が多いので、会社側があらかじめ決めた仕様があるからです。

家づくりをされる方で、ご自身のこだわりをもたれる方は、ネットなどを利用して断熱材などを調べているかと思いますが、大手ハウスメーカーではその知識を生かしたこだわりの家づくりに対応してもらいにくくなります。**逆に大手ハウスメーカーは規格化された家がほとんどで、仕様も決まっているため、同じ性能を同じ品質で提供しやすいというメリットがあるのです。現場管理も同じ仕様の建物を繰り返し造るわけですから、ミスなども起きにくいというメリットもありますが、家を建てる人の自由度は低いとも言えます。**

Q52 外断熱と内断熱ではどちらが良いでしょうか?

断熱方法には、外断熱と内断熱の2種類があると聞きました。どちらがいいか、教えてください。

A どちらがいいとは一概に言えません。

【詳しい解説】

断熱方法には外断熱と内断熱があります。外張り断熱と充填《じゅうてん》断熱とも言います。いずれの工法がいいということは一概には言えません。

昔から一般的に多かった充填断熱に対して、近年では外張り断熱の家も増えてきており、断熱に対する意識が大きく変わってきています。

今から40~50年前では、断熱材が入っているかいないか、というレベルの意識でした。

それから時が経ち、10~20年前からは、何ミリの厚みの断熱材が入っているかというようなレベルになり、近年では、どんな素材の断熱材で、どんな特徴があるか、さらに施工方法まで意識するレベルになってきました。

10数年前、工務店が差別化を目論んで、従来の断熱方式から新たな断熱方式を提案するDMが頻繁に送られたことがあります。他所と差別化しませんかという営業トークで、工務店への売り込みも多く見られました。そのため外断熱を勧める会社が増え、外断熱で家を建てないと内部結露を起こし、大変なことになるという営業トークまで多く情報発信されました。

しかし、正しい情報が広まり家を建てる人も賢くなり、外断熱が良くて内断熱がダメという考えは間違っているということに気づいたうえで家を建てる人も増えてきました。

プロのアドバイス

外断熱を扱う住宅会社の営業マンが、「建物の外側を断熱材ですっぽり囲んでしまう魔法瓶のような工法ですから、内断熱と暖かさがちがいます」「内部結露も起こしませんので、家の耐久性も上がります」などという営業トークをしているという話はよく聞きます。

また、多いのが何十年も前の内部結露でボロボロになっている写真を見せられたり、暖かさに関して何十年も前の建物と比較した表を見せられます。こうして外断熱の工法に誘導するというわけです。

もちろん外断熱が悪い断熱工法であるというわけではありません。コストを考えたときには、一般的に内断熱よりも外断熱のほうが高くなります。

また、ひとくちに外断熱といっても、ポリスチレン系の断熱材やフェノール系の断熱材など使用する素材によって、特徴も違えば性能も違います。

先の「魔法瓶」という表現を厳密に言えば、断熱欠損している部分も施工上出てきますので、正しい言い方ではありません。

以前、ほかの会社数社と断熱の研修をさせていただいたことがあります。その折、外断熱についてや、断熱欠損部について話したところ、ご存じの方が一人もいないのにビックリしました。営業マンや設計士でも知らない方が多いようです。

外断熱の場合、柱の外側に断熱材を入れますので、東京や大阪のように土地の価格が高く、**狭小の間口の建物が多い場所では、外断熱にすることでさらに建物の間口が狭くなってしまう可能性があるので要注意です。**

また、施工上、タイルのような重い外壁の場合にはとくに注意が必要です。外断熱に慣れていない会社が行うと、外壁の脱落事故が起こる可能性がありますのでご注意ください。
外断熱と内断熱のどちらがいいか、という点については、施工がきちんとしていれば、どちらを選んでもいいと思います。もし、内断熱がダメというなら、大手ハウスメーカーのほとんどが内断熱を採用していますから、大手ハウスメーカーは軒並みダメということになってしまいます。いずれにしろ、施工がしっかりしていれば、いずれを採用しても問題はありません。

各項目でお伝えしているように、どんな工法やどんな素材であってもメリットとデメリットは必ずあります。

住宅会社を数多くまわり説明を聞いていると、良いことばかりを言っていたり、それぞれの会社が違う評価をするので、何がいいのかわからなくなってしまうという声を本当によく耳にします。一度デメリットも営業マンや設計士に聞いてみると、まともな回答ができない人も多いでしょう。**メリットで選ぶのか、デメリットで避けていくのかという考えを持ち、自分たちには何の断熱材が適しているのかを検討してみましょう。**

PART 8

外壁など素材やデザインについて心配な方のためのQ＆A

Q53 外壁の素材は何が良いでしょうか？

外壁の素材選びで悩んでいます。メンテナンスも含め、どの素材の外壁が良いのでしょうか？

A

それぞれにメリットやデメリットがあります。特徴を理解したうえで、予算と比較検討することがお勧めです。

【詳しい解説】

住宅における外壁の仕上げの種類で近年もっとも多いものに、サイディングボードというものがあります。ほかにはタイル張り、塗り壁、ガルバリウム鋼板、木張り、吹付の塗装などがあり、どれがもっとも良いということではなく、家を建てる人のイメージや考え方によってどの外壁がマッチしているか考えるのが重要です。

また、それぞれコストにも違いがあり、気に入ってはいるけれど予算の都合上使えなかったということもあります。

それぞれにメリット、デメリットがありますので、そういった部分を理解したうえで予算とも比較し、検討していくことをお勧めしております。

プロのアドバイス

価格においては、たとえば、それぞれの住宅会社で一つの外壁に仕様を絞り、その外壁を標準の仕様にすることで価格を下げている住宅会社もあります。これは大手になればなるほど多い傾向があります。

ここで注意していただきたい重要なことは、一部の大手ハウスメーカーの外壁は除きますが、ほとんどの住宅会社の外壁は、どこの会社でも対応可能ということです。営業マンで「この外壁は弊社だけしか扱えません」という言い方をする人がいますが、大体の会社では取り扱いが可能なのです。ただし、大手になればなるほど建築の棟数が多くなるため、一人ひとりの要望に合った外壁で施工することは管理やメンテナンスなどのさまざまな問題を考えると難しくなってきます。

外壁の種類はいろいろとありますが、それぞれ特徴があり、必ずメリットとデメリット

があります。メリットで選ぶのか、デメリットを重視し避けていくのか、その外壁が予算に合うのかといったことに注意し外壁選びをすることが、後悔のない家づくりに繋がります。

一つ例を挙げると、ひとことに塗り壁とはいっても、塗料としての塗り壁と、自然素材などの塗り壁である漆喰や火山灰を使用したような外壁の塗り壁がありますので、これもそれぞれの特徴を比較してみると自分たちの家づくりにどの外壁材が適しているかがわかると思います。

外壁は家づくりを考える中でも家のイメージを左右する重要なポイントでもありますのでしっかりと検討してください。個性を出したい方には、近年多くなったサイディングボードは物足りないかもしれません。

タイルは将来にわたって色や風合いを変えることはできませんが、耐久性という点においては、非常に高いと言えます。塗り壁などは雨風によって窓まわりの汚れが出やすいので、こういった将来的なことも考えておく必要があります。

自然素材の塗り壁の家には、塗料に比べ、汚れにくい素材もあります。またガルバリウム鋼板などもシンプルモダンな家を造るときに向いています。

木製の外壁は個性を出したい人にとってはお勧めですが、一般的にはほかの外壁に比べてメンテナンスの時期が短くなります。また、木やガルバリウム鋼板、塗り壁など、相性の良い素材を組み合わせることにより、世界で一つだけの外壁が誕生します。

Q 54 外壁はＡＬＣがもっとも良いと営業マンから言われました。本当でしょうか？

外壁はＡＬＣ（軽量気泡コンクリート）が、ほかの外壁より耐火性が優れていて、断熱材同様の断熱性能があると言われました。本当でしょうか？

A

ＡＬＣは優れた外壁材ですが、注意する点もあります。

【詳しい解説】

ＡＬＣは優れた外壁材ですが、捉え方が少し間違っています。

ＡＬＣを専門に扱っているハウスメーカーなどでは、ほかの外壁の選択肢がないために、この外壁がもっとも良いという言い方をしている人を見かけます。本当にもっとも良いと思って売っている営業マンもいるかもしれませんが、デメリットもあります。

まず断熱性についてですが、今から20年以上前はＡＬＣが断熱材代わりになるような間違ったイメージで使われていました。マンションなどでＡＬＣを使った外壁の場合、外壁部分に断熱材が無い建物が非常に多く見られました。

近年、地球温暖化の問題を受けて、断熱材について素材や厚みが問われるようになり、ＡＬＣと断熱材を比較すると雲泥の差があるので、とてもＡＬＣが断熱材代わりになるとは言えません。

熱の伝導率においても、現在よく使われている高性能グラスウールが０・０３８に対して、ＡＬＣは０・17であり、数値が低いほうが熱を伝えにくいので、**ＡＬＣは断熱材に対して１／５程度の性能**しかないということになります。

プロのアドバイス

耐火性についてもＡＬＣだけが特別優れているわけではありません。

また、厚みだけを見れば、一般住宅に使われる外壁材に多いサイディングボードは15ミリ前後のものが多く薄いので、ＡＬＣのほうが厚みがある分耐火性が高いように思われますが、そういうことはありません。

ＡＬＣでサイディングと同様の15ミリの厚みにすることはできません。塗装する前のＡ

LCを見ていただくとわかるように、爪で削れるほどの脆《もろ》さもありますから、サイディングボードと同じ厚みで成形するのは難しいとも言えるのです。

また、**ALCは塗装しなければ吸水性があるために、メンテナンス計画をしっかりしないと漏水事故につながりやすいという欠点もあります。**それに対してサイディングボードの外壁の場合には、壁に空気層という部分があり、外壁が劣化したり、継ぎ目部分が劣化して、外壁より水の浸入があったとしても防水層があり、漏水につながる心配はありません。それは防水層より外部に水が排出される構造になっているからです。

もちろん**ALCもメンテナンスをしっかり行うことで耐水性も高くなる素材ですし、遮音性などにも優れているので良い部分もあります。**

それぞれにメリットとデメリットがある、という意識で素材選びをしていくことが大切です。

Q 55

ＡＬＣは冬に凍結して漏水事故が多いと言われました。本当でしょうか？

住宅展示場に行ったとき、ある木質系の住宅会社の営業マンから、「ＡＬＣは冬場に凍結して、クラック（割れ）が生じて、漏水事故が多いですよ」と言われました。本当のところを教えてください。

A

ＡＬＣは吸水性があるため、基本的にはメンテナンス計画が重要です。

【詳しい解説】

住宅展示場に行くと、木質系の住宅会社の営業マンがＡＬＣの漏水事故についてよく話をされているのを耳にします。確かにＡＬＣを外壁に使うときは、吸水性があるので塗装によって耐水性を確保しています。しかし単純に冬に凍結して割れることはありませんが、**塗装面が劣化し地震などで外壁にも割れが生じ、雨水がしみこみ、中に入っているメッシュ筋と言われる鉄製の補強材がさびたりすると、膨張し割れが広がり、その割れから**

雨水が浸入して漏水事故に繋がる可能性は考えられるかもしれません。
塗膜の劣化に対する点検や塗装を行うなどしてメンテナンスをすることが重要です。

プロのアドバイス

外壁にＡＬＣを使っている場合には、定期的に外壁の塗装の点検やメンテナンスを行ってください。外壁を手で触り、白い粉が手につくような状態になれば、外壁の塗装をされたほうが良いでしょう。

簡単なチェック方法をご紹介します。ＡＬＣの外壁においては、マンションやビルなどでも使用されていますし、メンテナンスをしっかりと行えば、耐久性の高い外壁材でもあります。ＡＬＣは基本的には鉄骨系の住宅会社が使用している場合が多く、住宅展示場の木質系のハウスメーカーに行けば、ＡＬＣの悪口を聞かされるかもしれません。外壁も、世の中にはいろいろありますが、それぞれメリットやデメリットがありますので、こういったことを確認し自分にあった外壁選びをすると良いでしょう。

Q56 外壁タイルのデメリットはありますか？

「外壁では、費用は高いがタイルがもっとも良い」と、ある住宅会社に言われました。タイルのデメリットはないのでしょうか？

A

タイルは耐久性という点では非常に優れています。

【詳しい解説】

外壁タイルは耐久性の面では非常に優れた外壁です。劣化という点においても優れています。

デメリットの一つに、近年非常に多いサイディングボード張りの外壁に比べ価格が上がる傾向にあります。

タイル張りの場合には、その下地をどういったものにするかも重要なポイントです。乾式の下地か湿式の下地かによって価格や先々のタイルに与える影響も違ってきますので、施工会社の方に確認してみるといいでしょう。近年では、タイルの下地も昔の湿式から乾式へ変化してきています。

プロのアドバイス

タイル張りのデメリットとして、初期コストが高くなりがちという点と、もう一つは将来の外壁のメンテナンス時に高額になる場合があるという点があります。たとえば、サイディングボードなどは上から塗装をしていくのでコストを抑えながら建物のイメージを変えたりすることができるのに対して、タイル張りの場合には、イメージ変えをしようと思うと現在のタイルをめくってやり替えることになり、その下地もめくるときに傷めてしまいますので、下地からのやり替えや補修をしたうえで新しいタイルを張るということになります。結果、コスト面は高額になってしまいます。

タイルの場合にはほかのメンテナンスの考え方もあります。タイルはほかの外壁に比べて傷みにくいのでタイルの浮きなどもチェックし、窓まわりや部分的にコーキングの打ち換え（防水処理）を行った後、洗浄だけで済ますという選択もあります。その場合はイメージを変えることができません。既存の建物が少し綺麗になったという印象になります。

PART 9

内装の素材やデザインについて心配な方のためのQ＆A

Q 57 無垢の床材は隙間が出ると聞きましたが実際はどうなのでしょうか？

無垢の床材などを使うと、隙間《すきま》などができやすいと聞いたことがあります。
実際のところ、どうなのでしょうか？

A

無垢のフローリングは隙間ができると思って使わないと後悔するでしょう。

【詳しい解説】

私の長年の経験から言って、大小はありますが隙間ができる可能性は非常に高いです。
無垢のフローリングを望むのであれば、隙間が出ると思ってちょうどいいくらいです。

プロのアドバイス

隙間にホコリがたまったりするのが嫌なら、掃除をこまめにするか、隙間のでにくい一般の合板のフローリングをお勧めします。

ほかに、**無垢材の場合には、隙間以外に、反り、むくれ、割れなどが起きる可能性があります。**

また、床暖房を入れている場合はとくに注意が必要です。床暖房対応の無垢のフローリングの場合、一枚の幅が狭いタイプを使用するのが一般的ですが、高級感を求める方は、幅広のフローリングを希望されます。

このような方の場合、幅広のフローリングで床暖房を使いながらでも、**隙間ができにくい挽板《ひきいた》フローリングなどがお勧めです。**表面に3ミリ程度の無垢の板を貼ったものになります。無垢材の素材そのものの雰囲気は残しながら、隙間や反り、むくれ、割れなどの問題も軽減できる特徴があります。

フローリングは家のイメージを決める重要なポイントですので、メリットとデメリットを知ったうえで選択してください。

Q 58 自然素材の家を造りたいのですがどこに頼めばいいでしょうか？

自然素材の家に憧れています。自然素材の家を建てるときにハウスメーカーでも対応可能でしょうか？　また自然素材の家を造るときに注意することはありますか？

A

自然素材の家といっても、一様ではありません。なぜ自然素材の家を造りたいのかをご家族で明確にし、住宅会社を厳選してください。

【詳しい解説】

自然素材の家を提供している会社の多くは、自然素材の仕様が初めから決まっている商品がほとんどです。ですから、壁は何を使うのか、床は何が使えるのか、自由度が高いとは言えない会社が多いのです。住む人が使用したい材料で家づくりができない会社もあるので、事前に担当者に聞くことをお勧めします。

また、大手ハウスメーカーの場合、基本的に規格住宅であり一部床材の無垢は使用できるハウスメーカーもありますが、すべて自然素材で家を造ることは難しいでしょう。

プロのアドバイス

「なぜ、家の壁を自然素材にしたいのか」「なぜ、床に自然素材を使いたいのか」「なぜ、外壁に自然素材を使いたいのか」その理由によっては、同じ自然素材でも、使用する材料が変わってきます。

また、自然素材はメリットだけではありません。デメリットもご理解のうえ採用いただかないと、せっかく費用をかけて自然素材の家を建てたのに「こんなはずではなかった」と実際に住んでから不都合を感じて、ストレスを感じながら過ごされる方も多いのです。

たとえば、内装の壁に漆喰《しっくい》を勧められて、ほかの素材と比較せずに決めてしまうお客様も少なくありません。室内の調湿効果を望むのであれば、塗り厚のある珪藻土《けいそうど》のほうが吸放出量はあります。ペットを飼っていて匂いが気になる方には漆喰も多少の消臭効果がありますが、ほかにもっと適した素材があります。

このように、本当の自然素材の家を建てたい方は、**住宅会社の決めた仕様ではなく、目的に合った素材を提案してくれる会社がお勧めです**。また、そういった幅広い自然素材に対する知識を持った設計士が対応してくれる住宅会社を選ぶべきでしょう。選ぶ会社や設計士が重要です。

Q59 タイルを貼った洗面化粧台のメリットと価格を教えてください。

住宅雑誌で見たタイルなどが貼ってある洗面化粧台が気に入ったのですが、既製品に比べてメリットはありますか？　価格はどうなりますか？

A

世界にひとつだけの洗面化粧台を造ることができます。ただし価格は上がります。


【詳しい解説】

既製品の洗面化粧台に比べれば価格は上がる傾向があります。

選ぶ洗面ボールや水栓、カウンター素材や正面に取り付ける鏡、貼るタイルによって価格は大きく変わります。

プロのアドバイス

住宅雑誌などのタイルが貼ったような洗面の場合は、すべてオーダーというわけではなく、既製品を一部使用しながら部分的にタイルを貼るなどしている場合もあります。そうして**世界にたった一つのオリジナル洗面台を造ることも可能**なのです。

また、洗面台のカウンターや扉にタイルを貼るような場合は、オーダーで造る必要があります。そのような場合、水栓やカウンターの下をオープンにするか、収納にするかなどによっても価格が変わります。オーダーの洗面台の場合、一般的な洗面台と比べると、仕様によりますが**20~30万円程度は追加**になる場合が多いのではないでしょうか。また、こういったオーダーに対応しなれていない会社では、かなり高額な請求をされてしまう場合がありますので注意が必要です。

Q60 内装の色決めは何から決めていけばいいのでしょうか?

家の内装を決めているのですが、何から決めればいいのかわかりません。皆さんはどうやって決めていくのでしょうか?

A

内装を決めるときに重要なポイントは、色や素材も重要ですが床材選びがもっとも重要です。

【詳しい解説】

家の内装を決めるときに重要なのは、色や素材をどういったものにするかということと、自然素材であればその素材を使うことによってどのような効果が得られるかという点です。そして、その効果も同じ種類や分野の材料でもそれぞれ違いがあるということです。

もっとも高い効果のものが仮に100だとすると、10の効果しかないものもあります。

問題は、10の効果しかないのに、いかにも同じ効果があるような内容で売られているということです。さらに最大の問題は、その事実に皆さんが気づいていないということです。

ほかのことでも同じことが言えます。たとえば、室内の「調湿効果のある材料」という内容で売られているものでも、最大の調湿効果が１００だとしたときに、10の調湿効果しかなくても「調湿効果のある材料」として同じ土俵の上で売られていることがあります。

この現実を知らずに、効果の少ないものを選び、高いお金を支払って購入している人が多いのです。

それ以外に、色や素材についてですが、色は床材を一番最初に選びそれを基準としてほかのドアや壁などを決めていくことをお勧めしております。

プロのアドバイス

内装を決めていくときに、床材の色は非常に重要なポイントです。床材でその空間のイメージや雰囲気の基準が決まってきます。


そして、床を決めた後、それに合わせてドアの色や素材を決めていくことで、スムーズに進められやすくなります。

ここで注意していただきたいのが、色だけではなく、床とドアの木の種類です。これは表面の仕上げが無垢のものやシート張り（印刷）のものでも同じことが言えます。たとえば、最近人気のオーク柄の床と、赤みのあるチェリーのドアの組み合わせよりは、オーク柄のドアでコーディネートしたほうがまとまった空間となります。

こういったマッチしない組み合わせ例はたくさんあります。このような樹種の組み合わせは、素人ではわからない人も多いと思いますので、プロの設計士に相談してみるといいでしょう。壁や天井の素材なども、木を使う場合には注意が必要です。

PART 10
プロが教える家づくり

Q61 家づくり全般においての注意点ととくにお勧めの事項があれば教えてください。

家づくりに不安を抱えています。絶対に後悔のない家づくりをしたいと思っています。家づくりで後悔しない方法としてアドバイスはないでしょうか？

A

家づくりは「パートナー選び」が大切です。その会社の考え方に共感できるか、担当者との相性が合うかどうかを確認してください。

【詳しい解説】

現在では、住宅展示場に行けば多くのハウスメーカーが家の展示をしており、地域密着の工務店なども数万社あると言われておりますが、その中で家を建てる人がどの会社と縁を持ち、もっと言えばどの担当者と縁を持つのかが非常に重要なポイントです。

年々ネットの普及により、検討する会社を絞ってから会いに行くという人も以前より多い傾向にあるように感じます。中には、20社で比較していますという人も時々いますが、これも自分の仕事をしながらでは本当に大変だと思います。一般的には3〜4社での検討をする人が多いと言われています。

家づくりも夫婦と同じようにパートナー選びです。

家の耐震や断熱などの性能も大切なのかもしれませんが、**家づくりのときの会社選びでもっとも大切なことは、その会社の考え方に対する共感や、担当設計者との相性です。担当設計者との相性が悪ければ、いい家にはなりません。**変更をしてもらうか、ほかの会社で検討するのもいいでしょう。

営業マンが最初から最後まで設計も含め対応している会社もたくさんありますが、自分たちの大切な家が営業マンの書いた図面で良いでしょうか。私なら大切な家を設計の素人に書いてもらうのは絶対に嫌です。こだわりの少ない方であればそこまで気にしないかもしれませんが、家は車のように買い替えがききませんから、後悔のないように事前にしっかりと考える必要があります。

✔プロのアドバイス

設計者との相性も重要ですが、よくセミナーなどでお話しするのは、「設計とは何か？」という点です。間取り図を書くことが設計と思われがちですが、とくに住宅の設計においてはもっと細かい部分が重要だと思っています。

たとえば、お客様から洗面所に棚板（幅60㎝×奥行45㎝）を取り付けたいという要望があったとします。平面図だけで考えれば誰でも同じ提案になりがちですが、立体的に考えていくと棚板の幅や厚み（置くものによって強度を考える）や奥行の寸法を決める際に、なぜその棚板が必要なのか、その理由が重要になってきます。この理由をしっかりと考えていくと、さまざまな気づきがあります。なんとなく物を置くかな？　という気持ちでここに棚を付けてくださいと要望を出す人も多いと思います。

では、その棚板の高さはどうやって決めたらいいでしょうか？　適当に80㎝の高さに取り付ければ良いでしょうか？　棚板一枚でも、何を置きたいのでしょうか？　強度は確保できるのでしょうか？　見た目は？　高さは？　置くものが決まっていたならその棚板の上の空いた部分は有効利用できないでしょうか？　その下の空間はどうでしょうか？　その場所に棚板を設置することで両サイドには影響ないでしょうか？

その棚の下にもし収納などを設置するならば、よくあるサイズの60㎝、75㎝、90㎝の収納がピタッと入るようにスペースを確保し、1～2㎝のクリアランスを設けて棚板の設置位置を決めておくと後々スッキリとした収納スペースとなります。

さらに、小さなお子様がいるご家庭では、目の高さに棚板の高さがくるなら、角を少し丸くするような配慮も場合によっては必要かもしれません。

このように、棚板をたった一つ設置するだけでも、さまざまなことに気をつけておくかどうかで後々後悔するかしないか天と地の差が出てしまいます。とくに棚板の高さなどは、下の部分の空き寸法を配慮するかしないかで違和感のある隙間が出来てしまうか、逆にすっきりとした空間になるか大きく変わります。

私は住宅設計というものはこういった細かな部分に配慮していくために、**自分と相性の合う設計士を見つけることが重要**だと思っています。それが、完成したときに100＋αの満足感につながる、家づくりの方法だと思っています。

家が完成したときに感動で涙が流れてくるような家づくりを、ぜひ楽しんでください。もう一度言わせてください。家づくりは絶対に楽しくしてください。

あとがき

―「家づくりセミナー」で伝えられること

本書は、セミナーでよく尋ねられる質問に、私が答えるという形式で書きました。

私にとっての「家づくりセミナー」は来られる人の相談や問題解決だけではなく、自分自身も人にお伝えする責任感や間違った情報をお伝えしてはいけないという怖さがあり、常に緊張感と責任感をもつことで、20年以上も続けてくることができました。

セミナーにいらした多くの方が「今年、このセミナーに来てよかった！」と言って、笑顔で帰られるのを見ると、ホッとした気持ちになります。

私が手掛けた家が完成したときと同様に、セミナーも「とても良かったよ、ありがとう！」の一言をいただくために、20年以上も「家づくりセミナー」を頑張れたのだと思っております。

人の喜ぶ顔を見ることが好きなのかもしれません。

私のセミナーでは、ご質問には誠意をもって本当のことをもったいぶらないで答える、そして参加者が会場を出ていかれるときはみんなスッキリしてお帰りになってもらうことを目標としています。

これは私の「家づくり」と同じです。１００点満点以上の評価をいただけるように心がけてきましたが、すべての方から１００点満点以上の評価をいただくことが私の永遠のテーマです。

「まえがき」でも言いましたが、多くの家づくりを考えている方に、後悔のない、本当に満足いく家を建てていただきたいという思いから、家づくりセミナーを20年以上行ってきました。その間、本当に多くのご相談をいただきました。ときには涙を流しながら相談される方もいました。それぐらい皆さん、人生をかけた家づくりで、ご家族にとっても大切なイベントであるという思いが深いという事です。その重みを日々感じていました。

セミナー後で行う相談会でも、参加者の困った話や騙された話など、机上での建前の話ではなく、実際にあったことを数限りなくお聞きし、手遅れでなければ、何とか助かる方法を知恵を絞ってアドバイスしてきました。知らないと大損してしまうことがあまりにも多すぎる、この住宅業界、ひとこと言うか言わないかで、数百万円もトクしたり損したりします。問題は、この損をしていることに気づかず、自分たちの中では、良い家づくりができたと思い込み、またそのことを友人たちに話し、その友人が間違った家づくりをしてしまうということです。この悪い連鎖を止めるべく、家づくりセミナーやＹｏｕＴｕｂｅなどで情報発信を続けていこうと思っています。

本書は、これまでの家づくりセミナーや相談会などでお聞きした問題の事例をピックアップし、これまでの経験に基づく本音のところをまとめ、家づくりのときに役立つ問題解決本になればとの思いを込めて書き上げました。

家づくりを考えている方の多くが、家づくりに対して不安や疑問をお持ちになり、そうしたことに対して解決の方法が見つからず、ストレスを感じ、家づくりの本当の楽しさを味わえぬまま家を建て、不満足のままマイホームに暮らしています。それをセミナーや相談会において直《じか》に感じてきました。

インターネットが発達している今日、知りたいことは手軽に手に入ると錯覚している方も多いと思います。便利さは諸刃の剣の危険性があり、かえって迷わすことにつながることがあります。情報は精査し、玉石混交《ぎょくせきこんこう》の中から玉を選んでいかないと、石ばかりつかむことになり、集めた情報の山が、実は自分を迷わせるものでしかないということにもなりかねません。現に、そうしたケースが圧倒的に多いのです。

たくさん情報を集めながら、実際、本当に何が良いのかわからなくなってしまった方に多数お会いしてきました。本当の情報を裏の裏まで知り抜いた者でなければ、判断できないところです。

だから、本当に役立つ情報は、簡単に目の前に現れてはくれません。私は一人の設計者、一人の施工者として、一人でも多くの方に後悔のない家づくりに役立つ本当の情報をお伝えしようと決め、20年以上家づくりセミナーを続け、1万5000人以上の方に生の情報を届けてきました。

新型コロナウイルスの影響でここ数年は、リアルでセミナーを行うことができず、オンラインで行うようになってきています。それなりにいいこともありますが、やはりリアルに、対面でお話をうかがうほうが本音が聞けますし、私も細部にわたってアドバイスを差し上げることができます。

リアルもオンラインもいずれも一長一短があります。

今回、〝Q&A方式の本〟にしようと思ったのは、相談会などで多くの方から相談を受けた案件をリアルでお伝えするには、それをできるだけ簡潔に、しかも厳選した情報をできるだけわかりやすくお伝えするにはもっともふさわしい形式だと思ったからです。

たくさん情報を集めればいいわけではなく、自分が家づくりするための行動に対して、正しい情報こそが正しい指針となるのです。

その点は、自信をもって読者に必要な情報を提供できたと確信しています。

おそらく他の類書では言わないようなことも堂々と語っています。これまで30年以上にわたる建築人生で、裏も表も含めて見てきたこと、相談されたこと、実際にアドバイスして喜んでいただいたことのエッセンスを伝えています。

最後に、家づくりにおいて、多くの住宅会社が家を建てる人のためにという思いで家を建てています。しかし、その中には、本音と建前が混在します。多くの家づくりを考えている人が、本音に気づかず建前と営業トークを信用してしまうことに問題を感じるのです。

この一冊の本が、今後の皆様の家づくりにおいて本音の部分の気づきになれば幸いです。

桝田佳正

桝田佳正の人気セミナー

「550万円支出を減らすための家づくりセミナー」

「犯罪者に狙われないための防犯セミナー」

「人気のエリアで土地を手に入れるための究極のテクニックセミナー」

「考えが変わる！　誰も教えてくれない断熱セミナー」

「保険の営業マンが教えてくれない本当に良い保険の選び方セミナー」

「買ってはいけない土地の選び方セミナー」

「愛犬家と快適に暮らす家づくり設計セミナー」

「住宅ローンの選び方と銀行の選び方実践セミナー」


―今までに15000人を超える方に家づくりに関する情報発信をし、現実的な視点でアドバイス。工務店の施工者としての目線と設計者としての目線のふたつの立場から、家づくりに悩む人たちの問題を解決に導く。また防犯に対しても「犯罪予知住宅」を提唱し、空き巣などの被害にあった戸建てや分譲マンションなどの防犯診断や防犯対策など、警察などでは教えてくれない防犯対策の考え方をセミナーやYouTubeなどで広め、防犯ボランティア団体の代表として防犯活動をしている。

経営者としても「本当に価値ある家」を目指し、営業マンのいない独自のやり方に徹し、年間の施工棟数を50棟に限定するなどの経営方針は業界でも注目を集めている。

桝田工務店
YouTubeチャンネル

著者プロフィール
桝田佳正（ますだ よしまさ）

一級建築士、一級施工管理技士、ライティングコーディネーター、ライフプランアドバイザー、愛犬家住宅コーディネーター、収納アドバイザー、セキュリティアドバイザー、資金計画アドバイザー。

株式会社桝田工務店代表取締役、株式会社コア建築デザイン事務所代表取締役、一般社団法人日本良質住宅促進協議会理事長、阿倍野防犯まもりあい隊会長、公益社団法人大阪府建築士会会員。

1968年大阪生まれ。大学を卒業後、大手ゼネコン会社を経て株式会社桝田工務店へ入社。2000年に代表取締役就任。2002年グループ会社として株式会社コア建築デザイン事務所設立。2018年には一般社団法人日本良質住宅促進協議会（JGH）を設立。

ネットでは知ることができない「後悔しない家づくり」のホットな情報をセミナーなどで20年以上発信。新築だけではなく老朽化した建物の住宅再生にも力を入れており手がけた数は1000棟を超える。

著書に『大阪の狭小地や住宅密集地で快適に暮らす、家づくり』『なぜ世の中には、いい家と悪い家があるのか』（エル書房）。

TV、ラジオ、住宅雑誌など多くメディアに取り上げられ、家づくりを考えている人に「後悔しない家づくり」をしていただくために家づくり情報を発信し続けている。全国各地で多くの家づくりに関するセミナーを300回以上開催中。


誰《だれ》も教《おし》えてくれない家《いえ》づくりの教科書《きょうかしょ》Q & A

2023年9月13日　初版第1刷発行
著　者　桝田佳正
発行者　友村太郎
発行所　知道出版
〒101-0051 東京都千代田区神田神保町1-11-2
天下一第二ビル3F
TEL 03-5282-3185　FAX 03-5282-3186
http://www.chido.co.jp
印　刷　音羽印刷

ISBN978-4-88664-360-5